権威主義の誘惑

民主政治の黄昏

Twilight of Democracy
The Seductive Lure of Authoritarianism

Anne Applebaum

アン・アプルボーム
三浦元博◆訳

白水社

権威主義の誘惑——民主政治の黄昏

TWILIGT OF DEMOCRACY
by Anne Applebaum

Japanese translation published by arrangement with Anne Applebaum
c/o Georges Borchardt, Inc. through The English Agency (Japan) Ltd.

我々の世紀はまさしく、政治的憎悪の知的組織化の世紀であったようだ。
これは人類の道徳史上、最大のタイトルの一つとなるだろう。

ジュリアン・バンダ『知識人の裏切り』（一九二七年）〔邦訳、未來社刊〕

われわれが認めなければならないのは、
近代に対するこの種の反抗は西欧社会に内在しているという事実であり、
また、その反抗の混乱した幻想的な綱領や、その非合理で非政治的な用語が、
他のもっと馴染み深い改革運動の中で示される願望……
と同じ程度に真実の願望を示しているという事実である。

フリッツ・スターン『文化的絶望の政治』（一九六一年）〔邦訳、三嶺書房刊〕

権威主義の誘惑——民主政治の黄昏

目次

日本語版への序文

アメリカ大統領選挙の投票日、二〇二〇年一一月二日からジョー・バイデンが就任する二〇二一年一月二〇日までの異例の空白期に、大統領ドナルド・トランプは近年の歴史には例を見ないやり方で、アメリカの民主政治に対する攻撃に手をつけた。だが、彼のそれまでの履歴に注目してきただれから見ても、これは驚きではなかった。

トランプはオバマ大統領がアメリカ合衆国生まれではないという陰謀論、「バーセリズム」を足掛かりとして政治の世界に入った。登録された共和党員の七二パーセントを含むアメリカ人のほぼ三人に一人がこの論を信じ、それゆえに、オバマは違法な大統領であると信じた。当時は過小評価されていたのだが、これは重大な変化だった。すなわちそれは、ホワイトハウスと連邦議会、連邦裁判所、そして連邦捜査局（ＦＢＩ）を含め、アメリカの既成の政治・司法・メディアの総体が、国民を欺き偽物の軍最高司令官を受け入れさせるための壮大な陰謀の共犯だと、多くのアメリカ人が信じたことを意味したのである。アメリカ人の三人に一人が、アメリカの民主政治をそんなにも信じていなかった、言い換えれば、彼らはオバマの大統領の地位そのものが詐欺だと考えることをためらわなかったのである。

この三人に一人のアメリカ人が次に、トランプの支持基盤になった。トランプが何をしようと彼らは四年間にわたって彼に声援を送り続けた。それは必ずしも彼の言うことをすべて信じたからではなく、往々にして何事も信じないからであった。すべてがいんちきなら、大統領が常習的うそつきであってもだれがかまうだろうか？　アメリカの政治家がそろって腐敗しているなら、大統領もそうだからといって、それがどうしたというのか？　だれもがつねにルールを破ってきたのなら、どうして彼もそうしてはいけないのか？　トランプのホワイトハウスが議会の召喚を拒んで罰されなくても、あるいはトランプが個人的復讐を追求するために司法省を利用しても、あるいはまた彼が機密アクセスにかかわる倫理的指針とルールを無視しても、あるいは官庁の内部監視官・監察官を解任しても、彼らが反対しないのは不思議ではなかった。トランプが中央情報局（ＣＩＡ）と国務省を「影の国家（ディープ・ステート）」としてその名誉を傷つけたり、ジャーナリストたちを「国民の敵」と呼んであざ笑ったりしても、彼に拍手し続けるのは不思議ではなかった。

誤解のないように言えば、これは戦略だったのであり、トランプが長年使ってきた戦略なのである。トランプは統治は不得手だったけれども、いかに不信を醸成するか、その不信をいかに自らの利になるよう使うかを、年季の入った詐欺師の直観によって久しく理解していた。ジャーナリストのレスリー・スタールが言っているが、トランプはかつて彼女に、自分がメディアを攻撃するのは「諸君がわたしについて否定的な記事を書いてもだれも信じないように、きみたち全員の信用を失わせ、卑しめる」ためだと語っている。官吏たちがトランプの振る舞いについて正直に証言しても、だれも彼らの言うことも信じないように、トランプは官吏たちの信用を失わせ、卑しめたのである。もちろん、彼はすでに存在した不信に依拠して物事を進めていた。最近のある調査によれば、アメリカ人の半数が今の政治制度に不満をもっている。五人に一人が軍事政権のもとで生活できればハッピーだろうと回答している。トランプはホワイトハウスを手に入れるために、民主政治のこの欠損につけ込み、在任中にその欠損を押し広げたのである。

在任の最後の数ヶ月、彼は諸々の機関に対するこの攻撃をさらに進めた。一部のアメリカ人が選挙制度に対する信頼を失うように、選挙制度の信用を失わせ、卑しめることを狙った一連の罠を仕掛けた。いつもとは違うこの年、他の州は郵便投票が届きつつあることを踏まえて早期に票集計を開始していたにもかかわらず、彼とそのチームはいくつかの重要州――ペンシルヴェニア、ウィスコンシン、そしてミシガン――に対し、選挙当日に票集計を始めるよう働きかけた。民主党が共和党より深刻に受け止めたパンデミックのさなか、トランプ自身が支持者に郵便投票は怪しいと言ったとき、彼は集計される最初の票では自分が優勢だが、不在者投票が流れ込むにつれ集計はジョー・バイデン優位に変わり始めると予想していたのである。

トランプが選挙の夜の午前二時二〇分、結果が判明する前に、投票は「アメリカ国民に対する詐欺」だと宣言、「われわれは彼らが朝の四時に投票用紙を見つけ出し、それをリストに加えることを望まない」と表明したわけは、これであった。共和党が選挙後ただちに、どこか間違っているという見かけを作り出す狙いで、根拠のない一連の訴訟を起こす用意をしていたわけは、これであった。トランプの物言いもばかげた訴訟騒ぎも、いんちき選挙という誤解を招く印象を非常に根強く生み出そうとする意図があったため、一部の共和党州議会議員は投票用紙をすべて無視して、自分の州はトランプが勝利したと一方的に宣言する誘惑にかられるほどだった。この戦略はフェイスブックその他のＳＮＳとテレビの右翼的メディアで反復、増幅された。

選挙の信用を失わせる狙いのこのキャンペーンが一月六日、トランプ支持の暴徒がトランプ本人に鼓舞され、連邦議会を襲撃して頂点に達したことは周知のとおりだ。暴徒に驚いた警察は彼らを建物外に制止しておくことができなかった。議員たちが副大統領とともに避難することができ、だれも拉致、殴打もしくは殺害されなかったのは、ひとえに機転の利く少数の警官の行動のおかげだった。しかし、事件の結果、議員以外の七人が現実に死亡し、この恐ろしい映像はいまやアメリカ史上もっとも悲劇的な日の一つとして、歴史的記録の一部になっている。それというのも、これは通常の示威行動ではなかったのだ。連邦議会議事堂の事件は、ある政策とか戦争をめぐる不一致が引き金になったものではなかった。事件は民主政治そのものの妥当性をめぐる議論の一要素だったのである。すなわち、荒れ狂う暴徒は、次期大統領を決めるのは自分たちなのだと宣言した――そしてトランプはそのメンバーを励ましたのだ。議会における彼の仲間もそうしたし、彼を支持する極右の宣伝屋たちもそうした。彼らは数時間にわたって優位に立っていたのである。

このことはすべて、ニュースに注目している人ならだれでもよく知っている。だが、事柄の背景――「どうしてこうなってしまったのか」という問題――はもっと込み入っている。トランプとトランプ主義を可能にしたものは何なのか？　選挙に勝ったという彼のうその主張を、あれほど多くの有権者があえて支持したのはなぜなのか？　その一部はかつてアメリカ民主政治と保守の大義の偉大な闘士であった右翼的メディアのかくも多くのメンバーが、トランプの過激な反民主的行動にあえて伴走したのはなぜなのか？

本書はこうした諸問題に一つではなく数個の回答を与えている。また、アメリカが経験しつつある危機と同じたぐいの危機の反響が、ほかの非常に多くの国でも見られるのはなぜなのかも問うている。アメリカ、ポーランド、ハンガリー、スペイン、フランス、ドイツ、英国。これらすべての国にいま、民主政治に反対し、現行制度に反対する諸々の政党があって、国の重要な地方を支配したり、政界で重要な役割を果たしたり、多くの支持者を抱えていたりする。そのことは、自由民主主義体制――これには日本も含まれる――のもとに暮らすわたしたち全員が、互いの危機に細心の注意を払い、不信の根源、ドナルド・トランプという大統領を生んだたぐいの深い制度的不信の根源について、もっと真剣に考えるとよいことを示唆している。本書のタイトル――「民主政治の黄昏」――は、予言ではなく一つの警鐘である。反民主的諸勢力はこれまで、不信を足場に多くの支持者を獲得してきており、今後も獲得する可能性があるのである。

二〇二一年二月、ポーランド

アン・アプルボーム

第1章 大晦日

一九九九年一二月三一日、わたしたちはパーティーを開いた。一つの千年紀の終わり、新千年紀の始まりである。だれもが、できればどこかエキゾチックな場所で祝いたくてうずうずしていた。わたしたちがパーティーを開いたのはポーランド北西部のホビエリン。夫とその両親が一〇年前に――二束三文で――買った領主屋敷(マナーハウス)で、購入当時は、元の所有者が一九四五年にソ連赤軍から逃れて以来改修されず、白カビが生え、住めないほど朽ち果てていた。わたしたちは少しずつだけれどこの家の修復をほぼ終えていた。厳密には、一九九九年時点では完了していなかったのだが、屋敷には新しい屋根と、パーティーにはおあつらえ向きの、家具類の一つもない塗装し直した大広間があった。

ロンドンとモスクワのジャーナリストたち、ワルシャワ駐在の下級外交官数人、ニューヨークから駆けつけた二人の友人など、招待客はさまざまだ。しかし大方はポーランド人で、わたしたちの友人らと、当時中道右派政権で外務次官を務めていた夫、ラデック・シコルスキの同僚たちだ。地元の友人たち、ラデックの学校時代の友人たち、それに大勢の親類がいた。数人の公務員と一人か二人の下級政務官と並んで、幾人かの若いポーランド人ジャーナリスト――当時はだれも取り立てて有名ではなかった――もやってきた。

　わたしたちの大多数はおおむね、ポーランド人が右派と呼ぶ一般的部類――保守派、反共派――に属していたといえよう。だが、歴史上のあの時点であれば、大方は自由主義者と呼ばれてもよかっただろう。自由市場主義者、古典的自由主義者、ことによるとサッチャー主義者である。経済については立場がそれほど明確ではなかった人でも、民主主義、法の支配、チェック・エンド・バランス、そして北大西洋条約機構（ＮＡＴＯ）加盟国でありＥＵ加盟に向かうポーランドを、すなわち現代ヨーロッパの不可分の一部としてのポーランドを、たしかに信じていた。一九九〇年代にはそれが「右派であること」の意味だったのだ。

　パーティーにしてはいささかちぐはぐだった。一九九〇年代のポーランドの田舎には仕出しサービスのようなものはなく、義母とわたしは大鍋のシチューとローストビーフをこしらえた。ホテルもなかったので、一〇〇人余りの客たちは地元の農家や近くの町の友人宅に泊まった。わたしは分宿リストをもっていたが、数人は地下の床に寝てしまった。夜遅く花火をした――メイド・イン・チャイナの安物で、これはどこでも手に入るようになっていて、おそらくとても危険なものだった。

　スポティファイ〔ネットの音楽ストリーミングサービス〕の登場以前につくられたカセットテープの音楽は、その夜の深刻な文化的分断を生み出しただけだった。アメリカの友人たちの大学時代の記憶にある歌謡は、ポーランド人の大学時代の記憶にあるものと同じではない。だから、全員を一緒に踊らせるのは難しかった。途中で、わたしは二階へ行ってロシア大統領ボリス・エリツィンが辞任したことを知り、英国紙向けの短いコラムを書き、次いで階下へ下りて、もう一杯ワインを飲んだ。午前三時ごろ、いかれたポーランド人の女性客がハンドバッグからピストルを取り出し、とても幸せな気分ゆえに空中に向けて空砲をぶっ放した。

そんなパーティーだった。パーティーは夜を徹して、翌日午後の「ブランチ」まで続き、わたしが記憶している当時の楽観的気分に満ちていた。わたしたち夫婦は朽ちた家を再建した。友人たちは国を再建しつつあった。とくに雪中の散策のことが鮮明な記憶にある――それはパーティーの前日か翌日のことだ――バイリンガルのグループと一緒で、だれもが同時に英語とポーランド語を交ぜておしゃべりし、カバノキの森に声がこだましていた。当時、ポーランドは西欧への合流の先頭に立っていて、わたしたちは全員が同じチームに属しているかのように思われた。わたしたちは民主主義と繁栄への道、そして事態の進展状況について、考えが一致していたのだ。

そんな時期はいまでは過ぎてしまった。ほぼ二〇年経って、わたしは今なら大晦日パーティーにいた人びとの何人かに出会ったら、避けるために道を横切ることだろう。反対に、彼らの方でもわが家へ入るのを拒むだけではなく、そもそもそこに入ったことがあると認めるだけでもばつの悪い思いをすることだろう。実はあのパーティーにいた客のほぼ半数は、もはや残り半数に話しかけることはないだろう。この疎遠は政治的な事情であって、個人的な事情ではない。ポーランドはいま、ヨーロッパでもっとも二極化した社会の一つになっており、わたしたちは深い分裂の相対立する両側に立ってしまったのだ。かつてのポーランド右派ばかりか、ハンガリー右派、スペイン右派、フランス右派、イタリア右派、そしていくらかの違いはあるものの、英国右派と米国右派にも通底する分裂である。

大晦日パーティーの客の一部は――わたしたち夫婦とともに――親ヨーロッパで、法の支配を支持し、市場に親和的な中道右派を支持し続けた。多少の違いはあれ、ヨーロッパ・キリスト教民主党、フランスおよびオランダの自由主義諸党、それにジョン・マケインの米共和党と提携する政党にとどまった。別の一部の客は自らを中道左派とみなしている。ところが、違った立場に身を置いてしまった人びとがいる。いまや彼らは「法と正義」と呼ばれる移民排斥主義政党を支持しているのだ――二〇〇五~〇七年に初めて短期間政権を担い、二〇〇五~一〇年に大統領ポスト（ポーランドでは政権とは別）を占めていた時期からは、劇的に立場を変えた政党である。

「法と正義」の指導部と同党の支持者および後援者らは、野党時代の歳月に徐々に一連の異なる観念、すなわち外国人嫌悪と妄想症的観念ばかりか、公然と権威主義的観念を抱くようになった。有権者のために公平を期すると、すべての人がこれを予見できたわけではない。「法と正義」は二〇一五年には、八年間政権の座にあった中道右派政党に対抗して、非常に穏健な選挙運動を行った。わたしの夫は選挙前に辞任したものの、その政府の一員であり、この中道右派政党は政権最後の年には弱体でパッとしない首相に率いられていた。無理からぬことだが、ポーランド人は変化を求めた。

ところが二〇一五年に僅差で勝利したあと、「法と正義」の急進主義がたちまち明らかになった。新政府は憲法に違反し、憲法裁判所に新判事を不正に任命した。のちにはポーランド最高裁を有利な構成にするため、同様に憲法違反の手口を使い、政府の政策と矛盾する判決を下した裁判官の懲戒を目的とする法を策定した。「法と正義」は人気の司会者や経験を積んだ放送記者を解雇することによって――また憲法を犯して――国営放送を乗っ取った。オンライン・メディアの極右過激派から採用された代替要員は、納税者の金を使って、容易に反証できるうそで満ちた露骨な与党プロパガンダを始めた。

国家の諸機関がもう一つの標的だった。「法と正義」は政権を握るや、数千人の公務員を解雇し、党の利権屋か、でなければ彼らの親類や縁者に入れ替えた。欧米の士官学校で何年間も金のかかる訓練を受けた軍将官たちを解任した。経験と外国語能力を備えた外交官たちを解雇した。文化機関も次々に破壊していった。国立美術館は、国際的にも評判の高い館長を失った。跡を襲ったのは、それまで美術館の経験のなかった無名の学者で、彼の最初の大きな決定は同館の近・現代展示を解体することだった。一年後、彼は同館を混乱状態にしたまま辞任することになる。ポーランド・ユダヤ人歴史博物館は、わずか数年前に鳴り物入りでオープンしたヨーロッパではユニークな組織だったが、館長は何の説明もなく職務を停止され、世界の同館支援者や資金提供者をぞっとさせた。こうした話は大ニュースにならなかった他の幾多の出来事にも通じている。例えば、わたしたちの友人の女性は別の国立機関で、非常に多くのプロジェクトを迅速にこなしすぎたため職を失った。新しい無能な所長が彼女を脅威と受け止めたようだった。

どの場合もほとんどなりふりかまわなかった。こうした変更の狙いはすべて、統治を改善することではなかった。狙いは統治をより党利党略的にし、裁判所を言いなりにならせ、党にいっそう依存させることにあった。あるいは、この党はかつてのように大文字の「党」と呼ぶべきかもしれない。

「法と正義」にはこんなことを行う権能はなかった。選挙結果は、同党に統治は認めても、憲法の改変は認めない得票率だった。そこで違法行為を正当化するため、同党は通常の政治的議論を用いることをやめ、代わりに生存を脅かす敵を特定しはじめた。ある敵は古く、おなじみのものだった。二〇年におよぶポーランドとユダヤ人の間の突っ込んだ対話と和解の後で――数千の書籍と映画と会議の後で、あの壮大な博物館の建造の後で――、政府はホロコーストに関する公開論議を制限する法律を採択し、国際的悪名を馳せた。結局、米国の圧力で改正したものの、同法は「法と正義」のイデオロギー的基盤――わたしのパーティー客の一部を含むジャーナリスト、作家、思想家たちで、彼らはいまや、反ポーランド勢力がアウシュヴィッツの責任をドイツではなくポーランドに押しつける陰謀を進めていると考えると言っている――の間で広い支持を受けた。のちに「法と正義」はイスラエルとの無意味な口論に首を突っ込んだ。これはポーランドでは同党の怒れるナショナリスト有権者に、イスラエルではベンヤミン・ネタニヤフの怒れるナショナリスト有権者に、それぞれ訴えることを狙ったとみられる論争だ。

新しい敵もいた。イスラム系移民をしばらく攻撃したあと――イスラム系移民がほとんどいない国では難しい――、同党は同性愛者に怒りの矛先を向けた。週刊誌『ガゼタ・ポルスカ』の著名なジャーナリストのうち二人は、わたしの大晦日パーティーの客だったのだが、同誌は読者がドアや窓に貼るよう「LGBTお断りゾーン」のステッカーを印刷した。二〇一九年一〇月の議会選挙の前夜、国営テレビは「侵略」と名付けたドキュメンタリーを放映し、ポーランドを破壊する「LGBT」の秘密計画を描いてみせた。かつては中立組織で国民統合の非政治的シンボルであったポーランド・カトリック教会は、同様のテーマを宣伝しはじめた。クラクフ大司教はかつてローマ教皇ヨハネ・パウロ二世が務めていたのだが、現在の大司教は同性愛者を、共産主義の「赤いペスト」に取って代わった虹色の「ペスト」だとする説教をした。説教はポーランド政府に絶賛されたが、ヘイトスピーチに当たるとの理由で、インターネット管理者によってユーチューブから削除された。

この一連の出来事のために、わたしと新年パーティー客の何人かはいま、ほとんど何も話せなくなっている。例えば、かつては親友の一人であったアーニャ・ビエレツカ——わたしの子どもの名づけ親でもある——とは二〇一〇年四月のヒステリックな電話以来、一度も話していない。それは当時の大統領が乗った航空機がロシアのスモレンスク近郊で墜落して数日後のことだった（この出来事についてはすぐに後述する）。ビエレツカは建築家で、彼女の友人のなかには彼女と同世代の著名な芸術家数人がいるというか、とにかく、以前はいた。彼女は現代芸術展を満喫している、というか、かつては満喫していて、ヴェネツィア・ビエンナーレにも興味本位で二、三度行ったほどだ。展示品もさることながら、ビエンナーレを鑑賞する人びと——凝った装いの芸術家気取りの女性たち——を見るのが面白いと、わたしに話したことがあった。だが近年、故大統領の双子の兄弟で「法と正義」の党首、ヤロスワフ・カチンスキと親密になった。今ではカチンスキのために定期的に昼食会を開き——料理の腕は一流だ——、だれを内閣入りさせるかを議論している。ポーランドの複数の博物館に対する攻撃の張本人である文化大臣の人事は、彼女の提案だとわたしは聞いている。二、三年前にワルシャワで彼女に会おうとしたが、断られた。「何について話すの？」とメールがあり、それっきり音沙汰なしである。

もう一人のパーティー客——ピストルをぶっ放した人物——は結局、英国人の夫と別れてしまった。彼女の奇矯さは別の物事に転化し、インターネット荒らしの日々を過ごしているようで、多くは反ユダヤ主義の毒気を含んだあらゆる陰謀論を狂信的に宣伝している。ホロコーストはユダヤ人に責任があるとツイートしている。一度は、少年がユダヤ人によってはりつけにされているとされるさまを描いた中世英国の絵画の画像を投稿し、一二九〇年にユダヤ人が英国から追放されたことに触れて、「なのに彼らは自分たちが追放されることに驚いたのだ」とコメントを付けた。彼女は米国「オルタナ右翼」の指導者たちの言説を反復、宣伝することで、彼らをフォローし、増幅しているのだ。

三人目の客、ジャーナリストのアニータ・ガルガスは過去一〇年間、スモレンスクにおける航空機墜落事故での故レフ・カチンスキ大統領の死を含め、毎回異なる説明を自明の前提として、さまざまな陰謀論を繰り返し調査してきた。彼女は同性愛反対ステッカーを配布した週刊誌『ガゼタ・ポルスカ』に雇われた。四人目の客、ラファル・ジェムキエヴィッチは、国際ユダヤ人社会の公然たる敵として名を売ってきた。彼はユダヤ人を「卑劣」「貪欲」と形容し、諸々のユダヤ人組織を「恐喝屋」と呼び、かつてイスラエルを支持したことを後悔している。彼がこの言葉づかいから得た悪名は、ぐらついていたキャリアを底上げしたようで、今や党が支配する国営テレビにしばしば登場している。

こうした旧友たちのなかには、政治的見解がもとで子どもたちと疎遠になった人びとがいることを、わたしははからずも知っている。二、三のケースではその疎遠ぶりは深刻だ。かつての友人の一人は同性愛嫌悪を公然と主張する政党に深くのめり込んでいるが、息子はゲイである。だが、これもよくあること——こうした分断は友人グループとともに家族も切り裂いているのだ。わたしたちはホビエリン近くに、両親が陰謀論をふりまく政権支持派カトリック系ラジオ局『ラジオ・マリヤ』のリスナーだという隣人がいる。両親は同局の呪文を繰り返し、同局の敵は自分たちの敵だとみなしている。

「わたしは母を失ってしまった」と、隣人はわたしに話した。「彼女は別世界に住んでいる」と。

ここでわたしの興味関心をすべて明らかにするならば、この陰謀思想の一部はわたしが焦点になっていることを説明しておかなければならない。わたしの夫は「法と正義」が初めて短期間政権を経験した同党主導の連立政権〔二〇〇五〜〇七年〕で一年半、国防相を務めた。その後、夫は同党とたもとを分かち、別の連立政権で七年間、外相を務めた。中道右派政党「市民フォーラム」が主導する政権である。夫は二〇一九年にヨーロッパ議会に立候補し、議席を得たが、現在は野党指導部に入っていない。

わたしは一九八八年以来、時間の大部分をロンドンとワシントンで過ごし、歴史書を執筆したりジャーナリストとして英米紙のために働いたりしながら、断続的にポーランドで暮らしてきた。これはわたしを、ポーランドの標準からすればエキゾチックな政治的配偶者にしているが、二〇一五年までは、多くの人びとはわたしに怒るというより、興味津々だった。わたしはむきだしの反ユダヤ主義を経験したことはなく、敵意を感じたこともなかった。ポーランド料理の本――これは分けても、ポーランドに関する国外での否定的なステレオタイプを覆す狙いだった――を出版したとき、ポーランド国内の反応は、ポーランド人シェフの間でも、いささか当惑気味ではあれ、おおむね好意的だった。わたしは政治にかかわらないよう極力努め、自分の書籍について語るほかは、ポーランドのテレビ出演はほぼ避けていた。

しかし、「法と正義」が勝ったあと、国外ではポーランド政府に対する否定的な記事が現れはじめた――そして、わたしが責められた。体制派の二誌『フ・シエチ』と『ド・ジェーチ』（両誌でわたしたちの元友人が働いている）の表紙で、わたしは国際報道の秘密のユダヤ人コーディネーター、ポーランドに関する否定的報道の陰の元締めとして描かれた。このうち一誌はわたしの家族を陰険に見せるため、家族に関する詳細を捏造した。「法と正義」が、わたしを就いてもいない職から解雇させたという、もう一つのまっかな作り話とともに、同様の諸々の作り話が国営テレビの夜のニュース番組で放送された。両誌はしまいには、わたしのことを書かなくなった。ユダヤ人といえども一人の人間が独力ですべてをコーディネートするには、ポーランドに関する否定的な国際報道がとうとう広がりすぎたのだ。とはいえ、当然ながら、このテーマは時々ソーシャルメディアには繰り返し現れる。夫のヨーロッパ議会選挙の運動中、彼のチームの何人かは夫のことより、わたしとわたしの「反ポーランド活動」についての質問を受けた。自分が好むと好まざるとにかかわらず、わたしはこの物語の一部になっているのである。

このすべてが始まったとき、わたしは既視感を感じた。ルーマニアの作家ミハイル・セバスティアンが一九三五〜四四年につけていた有名な日誌を読んだことを思いだしたのだ。このなかで彼は、自国でのいっそう極端な変化を記録している。セバスティアンはわたしと同じように、宗教は違うがユダヤ人。わたしと同じように、彼の友人の多くは政治的右派に属していた。日誌のなかでセバスティアンは、彼らが炎にいやおうなく引き寄せられる蛾の群れのように、一人また一人と、ファシズムのイデオロギーに引き寄せられていく様子を描いている。友人たちがヨーロッパ人――プルーストの賛美者、パリへの旅行者――としての帰属意識を離れ、自らを血と土地によるルーマニア人だと呼びはじめるにつれ、獲得していく驕りと自信を、彼は詳しく語っている。彼らが陰謀思想の方向に舵を切ったり、思いがけなく残忍になったりするのを彼は聞いている。

長年付き合っていた人びとが面と向かって彼を侮辱し、まるでそれまで何もなかったかのように振る舞うのだった。「あらゆる種類の異質な――わたしが戸口に入るだけで、突然、恥ずかしさと当惑で沈黙してしまうほど異質な――思想と感情を共有する人びととの、友情は可能だろうか?」と、彼は一九三七年に訝しんでいる。同じ時期に書いた自伝的小説では、語り手が、いまや政治によって分かたれた旧知の人物に友人付き合いを申し入れる。「いや、君は間違っている」との答えが返ってくる。「われわれの組み合わせは友人になれない。今もこれからも。わたしから大地の匂いがしないかね?」

今は一九三七年ではない。にもかかわらず、類似した変容が現在、わたしが三〇年間住んできたポーランドの思想家や作家、ジャーナリスト、それに政治活動家の間で、そして、わたしたちが「西」と呼ぶようになったその他の国々の社会でも起きつつある。どこにおいても、この変容は、ヨーロッパと北アメリカが一九二〇年代と三〇年代にこうむった経済危機のような理由もなく起きているのだ。二〇〇八〜〇九年の景気後退は深刻だったが、成長は――少なくともコロナウイルスの世界的流行までに――回復していた。二〇一五〜一六年の難民危機はショックだったけれども、現在では収まっている。北アフリカと中東からの難民は、ヨーロッパ連合(EU)とその主流の政治家らがトルコと結んだ取引のおかげで、二〇一八年ごろにはほぼ流入が止まっていた。

いずれにせよ、わたしが本書に書いている人びとは、これらの危機のどれからも影響を受けてはいない。彼らはたぶん、自分が望んだほどには成功していないけれども、貧しくもなく田舎じみてもいない。移民労働者のために職を失ったわけではない。東ヨーロッパでは、彼らは一九八九年以降の政治的変化の、あるいはいかなる意味でも政治の、犠牲者ではない。西ヨーロッパでは、彼らは貧困化した下層階級に属していないし、打ち捨てられた村落に住んでいるわけでもない。米国では、合成麻薬によって荒廃したコミュニティーに住んではいない。中西部の軽食レストランで大半の時間をつぶしているわけではないし、実際のところ、トランプ支持者を説明するのに使われる不正確な定型イメージ——彼ら自身が考え出した不正確な定型イメージのいくつかを含め——のどれとも一致しない。それどころか、彼らは最良の大学で教育を受けており、たいてい外国語を話し、ロンドン、ワシントン、ワルシャワ、マドリードなどの大都市に住み、一九三〇年代のセバスティアンの友人たちのように、外国を旅行しているのだ。

では、何がこの変容を引き起こしたのだろうか？　わたしたちの友人の一部は隠れた権威主義者だったのだろうか？　あるいは、新千年紀の最初の数分に乾杯のグラスを合わせた人びとは、なんらかの理由で、その後の二〇年間に変わってしまったのだろうか？

一様には説明できないし、わたしは大理論も普遍的な解も示すつもりはない。だが、一つの命題がある。すなわち、適当な条件がそろえば、いかなる社会も民主政治に背を向け得るのだ。実のところ、もし歴史がいくらかでも判断基準になるとすれば、わたしたちの社会はすべて、いつかは背を向けることになるのだろう。

古代の哲学者たちは民主政治について常に疑いを抱いていた。プラトンはデマゴーグの「偽りとまやかしの言論」を懸念し、民主政治は僭主独裁政治への道の中間地点にほかならないのではないかと疑った。米国の共和政府の初期の主唱者たちもまた、腐敗した指導者が民主政治に突きつける挑戦を認識し、それに抗う諸機関の創設について懸命に考えた。一七八七年の憲法制定会議は、アレクサンダー・ハミルトン〔米国建国の父の一人といわれ憲法制定に中心的な役割を果たした政治家〕が言う「下劣な陰謀の才と人受けのけちな技術」を持った人物を絶対に合衆国大統領にさせない手段として、選挙人団を創設した。選挙人団はなんの権限もない形式だけの組織に——さらにもっと最近では、二、三の州では有権者の小グループに過大な影響を与えるメカニズムに——なってしまったが、選挙人団には本来、まったく別の狙いがあった。それは一種の審査委員会——「民主政治の行きすぎ」を避けるため、必要なら国民の選択を拒否して大統領を選ぶエリート法律家と資産家のグループ——として考案されたのである。

新しい民主政治が僭主独裁政治になるのをいかにして防ぐかを学ぼうとして、植民地アメリカの多くの人がギリシャ・ローマの歴史を繰り返し読んだが、ハミルトンもその一人だった。ジョン・アダムズは歳をとってから再び、ローマ共和制の劣化を押しとどめようとしたキケロを読み、トマス・ジェファソン宛の手紙に引用までしている。彼らは合理的討論と理性、それに妥協に基づく民主政治をアメリカに建設したいと考えた。だが、人間の本性についてはいささかの幻想も抱いていなかった。人間は時として、彼らの旧式な言葉を使えば、「情念（パッションズ）」に屈服しかねないことを理解していたのだ。論理と合理性に立脚したいかなる政治システムも、常に不合理なもののリスクにさらされていることを、彼らは理解していたのである。

現代においては、彼らの後継者たちは、その不合理性とそうした「情念」をいっそう明確に定義し、だれが、なぜデマゴーグに引き寄せられる可能性があるのかを理解しようと探求してきた。もともと全体主義に関する哲学者であるハンナ・アーレントは、「権威主義的人格」を同定した（『全体主義の起源』邦訳、みすず書房）。「家族、友人、朋輩、知人などとのいかなる繋がりも世界における確かな足場を保証してくれず」、「自分がこの世界に存在し一つの場所を占めているのは、ひとえに自分が党に加わっているお陰である」という、極端に孤立した個人である。ナチ・ドイツからアメリカへ逃れた知識人世代の一人、テオドール・アドルノはその考えをさらに追求した。彼はフロイトの影響を受け、権威主義的人格の根源を初期幼年時代に、おそらく抑圧された同性愛のなかにまで見いだそうとした。

もっと最近では、二〇年前に人格の特徴を研究しはじめた行動経済学者、カレン・ステンナーが、どの国でも人口の約三分の一は彼女が言う権威主義的素質をもっていると論じている。これは堅苦しさが少ないため、「人格」より使い勝手のいい言葉だ。同質性と秩序を好む素質である権威主義的素質は、必ずしも顕現することなく存在し得る。多様性と違いを好む素質であるその反対物の「自由意思的（リバタリアン）」素質も、暗黙のうちに存在し得る。ステンナーの定義する「権威主義」は政治的なものではなく、「保守主義」と同じものではない。権威主義は、複雑さに耐えられない人びとに分かりやすくアピールする。この本能には本質的に「左翼」も「右翼」もない。それは反複数主義なのだ。権威主義は異なる考えの人びとを疑う。激しい討論にアレルギーがある。その本能を有する人びとが最終的に、彼らの政治をマルクス主義から引き出すのか、ナショナリズムから引き出すのかは重要ではない。それは心の構えであって、一つのまとまった思想ではないのだ。

だが、理論家たちは、民主政治の凋落と独裁政治の樹立におけるもう一つの決定的な要素をしばしば見落としている。デマゴーグを賞賛したり、独裁体制に居心地よく感じたりする人びとが存在するというだけでは、デマゴーグが勝利する理由を完全には説明していない。独裁者は支配したいわけだが、彼はいかにして同じことを感じている公衆の心をつかむのだろうか？　自由を認めない政治家は、己に権力を集めるために司法を骨抜きにしたがるが、彼はいかにして有権者がそうした変化を受け入れるよう説得するのだろうか？　古代ローマでは、カエサルは彫刻家たちにさまざまな自分の像を作らせた。現代のいかなる権威主義者も、現代的な等価物なしには成功し得ない。すなわちそれは、彼のイメージを公衆に売り込める作家、知識人、パンフレット作者、ブロガー、マスコミ対策アドバイザー、テレビ番組プロデューサー、そしてインターネット情報の創作者だ。権威主義者は、暴動を促進したりクーデターを実行したりする人びとを必要とする。だが、洗練された合法的言語を使える人びと、憲法違反や枉法(おうほう)行為が正しいことだと論じることができる人びとも必要とする。不満に声を与え、不平を操作し、怒りと不安を誘導し、異なる未来を想像できる人びとを必要とする。言い換えれば、知的で教育あるエリート層の残りの部分に——たとえそれが大学時代の同級生や仕事上の同僚、あるいは友人であっても——権威主義者が戦争を仕掛ける手助けをする、知的で教育あるエリート層のメンバーを必要とするのである。

フランスのエッセイスト、ジュリアン・バンダは一九二七年の著書『知識人の裏切り』で、同時代の権威主義的エリートの重要性をだれよりも早く理解し、彼らを観察、描写した。アーレントに先駆け、バンダの関心は「権威主義的人格」それ自体ではなく、ヨーロッパじゅうですでに左翼・右翼の形をとりつつある権威主義を支持する特定の人びとにあった。彼はソヴィエト・マルクス主義の形をとった「階級情念」か、もしくはファシズムの形をとった「民族情念」のいずれかの促進に努める極右および極左のイデオローグを類型化し、特定の政治目標のために真理の探求という知識人の中心的任務を裏切っているとして、双方を非難した。彼はこうした堕落した知識人を、皮肉をこめて知識人(クレール)、つまり事務員(クラーク)〔英語〕と呼んだ。もっとも古い意味では「聖職者」に関連する単語だ。スターリンの大粛清の一〇年前、そしてヒトラーが権力を握る六年前、バンダはすでにして、政治事業家や宣伝屋に変身した作家やジャーナリスト、エッセイストが文明全体を暴力行為に駆り立てることを懸念していた。そして、そのとおりになったのである。

現代における自由民主政治の崩壊は、もしそれが起きても、一九二〇年代や三〇年代の崩壊のようには見えないだろう。しかし、それを実現させるには依然として、新たなエリート、新たな世代の知識人が必要になる。「西(ウエスト)」という観念、あるいは時として「欧米的自由秩序(ウエスタン)」と呼ばれるものの崩壊は、わたしたちの現在の価値観を掘り崩し、次いで、来たるべき新体制を思い描くために、思想家や知識人、ジャーナリスト、ブロガー、作家、それに芸術家を必要とするだろう。彼らは異なる場所からやってくるかもしれない。バンダのもともとの定義では、知識人は左とともに右のイデオローグも含んでいた。両者ともまだ、わたしたちのところにいる。教授が何を教えられるか、学生が何を言えるかを命令しようとする極左のキャンパス扇動家の世代のなかに、権威主義的感性はまちがいなくある。それは、発言規範に違反したとして一般人とともに著名人を攻撃しようとするツイッター暴徒の扇動者のなかにある。それは、英国労働党のマスコミ対策アドバイザーに変じた知識人の間にあった。彼らはジェレミー・コルビンの極左的議題が国民によって拒否されそうなことが明らかになってもなお、彼の指導に対するいかなる異議申し立ても妨げた。権威主義的感性は、労働党内にも広がっている反ユダヤ主義を、最初は否定し、次いで軽視した同党活動家の間にあった。

しかしながら、権威主義的左派の文化的勢いは増しているけれども、欧米民主主義諸国で真の政治的勢いを獲得してきた現代の唯一の——政府内で活動し、連立政権に参加し、重要な諸政党を導いている唯一の——知識人は、わたしたちが「右派」と呼びならわしている運動組織のメンバーたちである。彼らはたしかに特殊な右派、第二次世界大戦以降にその名で呼ばれてきた政治運動組織とはほとんど共通点のない右派である。英国の保守党、アメリカの共和党、東ヨーロッパの反共諸党、ドイツのキリスト教民主党、そしてフランスのドゴール派はすべて異なる伝統に由来しているけれども、一つのグループとして、少なくとも最近までは、代議制民主主義だけでなく宗教的寛容と司法の独立、言論・表現の自由、経済統合、諸々の国際機関、大西洋を越える同盟、そして「西」という政治的観念に気持ちを寄せていた。

これと対照的に、新右派は現存するものを保守も保護もしたいとは思っていない。大陸ヨーロッパでは、新右派は、第二次大戦の悪夢のあとに教会内の政治基盤を使ってヨーロッパ連合（EU）の基礎を据え、創出したキリスト教民主主義を冷笑している。米国と英国では、新右派は、あらゆる形の急激な変化に懐疑的な旧式の、エドモンド・バーク的な小文字のCの保守主義（conservatism）とたもとを分かってきた。彼らはその言い回しを嫌うけれど、新右派はバークよりボリシェヴィキに近いのだ。現存する諸機関をひっくり返し、迂回し、あるいは骨抜きにし、現存物を破壊したい男女の輩（ともがら）なのである。

本書はこの新世代の知識人と、彼らが生み出しつつある新しい現実を扱っている。わたしが知る東ヨーロッパの数人の人びとから始め、次いで、わたしが深い絆をもつもう一つの国である英国の、異なってはいるが類似の物語に移り、ほかの数カ所に触れたあと、最後にわたしの生国である米国で締めくくる。描かれる人びとは、移民排斥主義の理論家から高尚な政治エッセイストまで多岐にわたる。高級な著書のある人物もいれば、ウイルス性の陰謀論を放つ人物もいる。自分の読者や支持者を動機づけているものと同じ不安、同じ怒り、一致協調に対する同じ深い願望を真に動機とする人物がいる。文化的左派との腹立たしい遭遇によって急進化するとか、あるいは中道リベラルの弱体ぶりに嫌悪感を抱いた人物がいる。自らに権力と名声をもたらすがゆえに、急進的あるいは権威主義的言語を用いて、冷笑的で影響力のある人物がいる。自分たちの社会は破綻しており、結果がどうであれ、再建される必要があると確信する終末論的な考えの人物がいる。深く宗教的な人物がいる。新しい秩序の押しつけに向けた序曲として、混乱を喜んだり、混乱を促進したりしようとする人物がいる。彼らはおしなべて、国家（ネーション）を定義し直し、社会契約を書き換え、そして時には、永久に権力を失わないために民主政治のルールを変更しようとするのである。アレクサンダー・ハミルトンは彼らを牽制した。キケロは彼らと戦った。彼らの一部は、かつてはわたしの友人であった。

第2章 デマゴーグの勝利法

君主政治、専制政治、寡頭政治、民主政治——社会を組織するこうしたすべての方法は二〇〇〇年以上前、プラトンとアリストテレスにはよく知られていた。だが今日、世界各地に樹立されている一党独裁国家——中国、ベネズエラ、ジンバブエを考えてみよ——は、最初ロシアでレーニンによって練り上げられたもので、一九一七年に始まる。未来の政治学の教科書では、このソヴィエト連邦の創設者はマルクス主義の信念だけでなく、この永続する政治組織形態の考案者として記憶されるにちがいない。それは今日、世界の多くの独裁者が利用しているモデルなのである。

マルクス主義とちがって、反自由主義の一党独裁国家は一つの哲学体系ではない。それは権力維持のメカニズムであり、多くのイデオロギーと親和的に機能する。それはだれがエリート——政治エリート、文化エリート、財界エリート——になるかを明確に規定するがゆえに、機能するのである。革命以前のフランスとロシアの君主政治では、統治権は貴族階級に認められており、貴族階級は血統と典礼の厳格な規範によって自らを規定していた。現代の欧米民主主義諸国では、統治権は少なくとも理論上は、さまざまな形態の競争によって承認される。すなわち、選挙運動と投票、高等教育と公務へのアクセスを決定する能力テスト、そして自由市場である。旧来の社会的ヒエラルキーはおおむねそのどれかの混合物だが、現代の英国とアメリカ、フランス、それに最近までポーランドでは、民主的競争がもっとも公正で効率的な権力分配の方法だと大方の人が想定していた。すなわち、もっともアピール力があって有能な政治家が統治すべきだ。諸々の国家機関——司法、行政——は、適性を認められた人びとによって占められなければならない。公正な結果を保証するため、人びととの間の競争は対等の土俵で行われなければならない、と。

レーニンの一党独裁国家は異なる価値観に基づいていた。その国家は貴族政治の秩序を転覆したが、代わりに競争型モデルを据えることはなかった。ボリシェヴィキの一党独裁国家はただ非民主的であるだけではなかった。反競争的、反能力主義的だったのだ。大学や公民権にかかわる仕事、そして行政管理や産業におけるポストはもっとも勤勉な人びととか、もっとも能力のある人びとに与えられるわけではなかった。もっとも忠実な者たちに与えられたのだ。個人の昇進は才能や勤勉ぶりによるのではなく、党の規則に素直に従うからであった。そうした規則は時によって異なっていたけれども、ある点で一貫していた。その規則は旧支配エリートとその子どもたち、それに、疑わしい民族グループを排除していた。労働者階級の子どもは優遇された。党への信頼を大声で公言する者、諸々の党集会に出席する者、熱狂の大衆的表示に参加する者がとくに優遇された。普通の寡頭政治とちがって、一党独裁国家は上に向かっての移動は容認する。本当に信じる人びとは昇進できるのだ——これは、以前の体制あるいは社会が昇任させなかった人びとにとっては、とくに魅力的な展望である。最悪のたぐいの一党独裁国家は、「たとえ運動に共感を寄せる者であろうと才能と天分に恵まれた人々をすべて容赦なく追い払って、その後に山師と馬鹿を据えざるを得ない。こういう連中の愚かさと創意の欠如は……体制の安全にとって最上の保証となる」。こう書いたとき、アーレントは、一九四〇年代において遺恨や挫折を感じている人びとにとっての権威主義の魅力を見抜いていたのだ。

不偏不党の国家という観念と政治色のない公務員、そして客観報道メディアという概念に対するレーニンの侮蔑も、彼の一党独裁国家の重要な要素であった。報道の自由は「欺瞞である」とレーニンは書いた。彼は集会の自由を「空疎な文句」だとしてあざけった。議会制民主主義といえば、「労働者階級を抑圧するための装置」にすぎなかった。ボリシェヴィキの想像のなかでは、労働者階級の手で――党を経由して――管理されて初めて、報道は自由に、公的機関は公正になり得るのだった。

「ブルジョア民主主義」と資本主義の競争的諸機関に対する極左派のあざけりと、メディアや行政機関、司法の客観性がいささかでもあり得るということについての冷笑ぶりは、長らくその右翼版もあった。ヒトラーのドイツがよく挙げられる例だ。だが、フランコのスペインからピノチェトのチリまで、ほかにも多くの例がある。南アフリカのアパルトヘイトは、黒人を政治生活から排除し、アフリカーナー（大英帝国によって創出された資本主義経済で成功していなかった、主としてオランダ人入植者を先祖にもつ南ア人）の利益を増進するために、報道と司法を腐敗させた事実上の一党独裁国家だった。

なるほどアパルトヘイトの南アには、他の政党もあった。だが、一党独裁国家とは必ずしも野党の存在しない国家というわけではないのだ。レーニンの共産党とヒトラーのナチ党は敵を逮捕、殺害したけれども、見せかけだけであるにせよ一定の野党の存在を認めた一党独裁国家の例は――まったく悪徳的な独裁国家の例さえ――数多くある。一九四五年〜八九年の間、東ヨーロッパの共産党の多くは、野党――農民諸党、疑似的キリスト教民主主義政党、あるいはポーランドではカトリック小政党――が国家で、そして擬制の「議会」で、あるいは公共生活で、役割を果たすことを許した。ベン・アリのチュニジアからベネズエラのウゴ・チャベスまで、国家機関を支配し、集会および言論の自由を制限しながらも、支配政党を現実に脅かさない限りで象徴的な野党の存在を許した事実上の一党独裁国家の例は、これまであまたあるのだ。

この形態の柔らかな独裁政治は、権力にとどまるための集団的暴力を必要としない。代わりに、官僚機構と国営メディア、司法、また国によっては国営企業を運営するエリートの中核集団に依拠するのだ。こうした現代の知識人は自らの役割をわきまえており、それは、指導者の言明がいかに不誠実であっても、その腐敗がいかに大きくとも、一般市民と機関に対するその影響がいかに破壊的であっても、指導者を守ることなのである。代償として、褒賞と昇進があることを彼らは知っている。党指導者に近い人間は、競争せずともおいしい契約あるいは国営企業のポストを手にして、非常に裕福になれる。政府からの給与と、汚職や無能を非難されることからの保護を当てにできる者たちもいる。いかに業績が悪くても職を失うことはないのである。

プーチンのロシアからドゥテルテのフィリピンまで、世界中には反自由主義的な一党独裁国家の多くの型がある。ヨーロッパには独りよがりの反自由主義政党が数多く存在し、その一部は、例えばイタリアやオーストリアのように、連立政権に参画してきた。だが、本書を執筆している時点で権力を単独で占めているそうした反自由主義政党は二つだけだ。ポーランドの「法と正義」、ハンガリーのオルバーン・ヴィクトルが率いるフィデス〔青年民主同盟の略称〕である。両党とも諸々の独立機関の破壊に向けて大きく歩を踏み出し、結果として党員に利得をばらまいてきた。「法と正義」は公務員法を改正し、専門家を解雇して党の利権屋を雇用することを容易にしたばかりか、諸々のポーランド国営企業のトップを解任した。ビジネス経験を積んだ人びとが、党員およびその友人や親類に取って代わられた。典型はヤニーナ・ゴスだ。カチンスキ兄弟の旧友の貪欲なジャム・缶詰製造業者で、首相は以前、母親の病気治療のために彼女から莫大な借金をしたことがあった。彼女は党の下級の仕事に就いていたことはあったが、いまや従業員四万人を擁するポーランド最大の電力会社、ポルスカ・グルーパ・エネルギチナ社の取締役会入りした。ハンガリーではオルバーンの義理の息子が、同様に裕福かつ特権に恵まれた人物だ。ヨーロッパ連合（ＥＵ）から金を詐取したとして告発されたが、捜査が完了することはなかった。この事件はハンガリー国家によって棄却されたのである。

こうした物事の呼び名は縁故登用、国家乗っ取り、汚職など数々ある。だが、そのような呼び名を選んでも、それを肯定的な用語で述べることもできる。すなわち、それは能力主義、政治的競争、自由市場といった忌々しい考え方、つまり、当然のこととして、あまり成功しなかった人びとを利することがなかった諸々の原則の終わりを意味するのだ。才能ある人びとが切り盛りする社会に住みたいのであれば、競争がなく不正に操作される制度というのは聞こえが悪い。だが、そのことが第一の関心事でないなら、その制度のどこが悪いのか？

わたしのかつての友の多くが今そう考えているように、ポーランドが、ある種の愛国主義を声高に主張する人びと、党指導者に忠実な人びと、カチンスキ自身の言葉を借りれば「より良いたぐいのポーランド人」である人びとに統治されると、国はもっと豊かになると考えるのであれば、実は一党独裁国家の方が競争を強いる民主国家より公正なのだ。もし一党だけが統治するに値するのであれば、なぜ異なる政党に対等の場での競争を認めなければいけないのか？　もし企業の一部だけが党に忠実で、したがって真に富に値するのであれば、なぜ企業に自由市場での競争を認めなければいけないのか？　というわけだ。

この衝動的感情はポーランドとハンガリー、その他多くの旧共産主義諸国で強まっている。大々的な民営化と自由市場原理の導入で各国経済が変わった一九九〇年代の諸々の改革は、非常に多くの元共産党員が自らの政治力を経済力として再生させることを許してしまったため、競争の原理には欠陥があるとする感情が広がっていることが原因だ。オルバーンもカチンスキもしばしば敵を「共産主義者」と呼び、そうすることで外国の賞賛者たちをも味方につけている。オルバーンの場合、主たる敵は、少なくとも彼の経歴の初期には、実際に「社会党」と改名した元共産党であり、この呼び方はいくらか説得力があった。

しかし両国とも、四半世紀前には非常に重要に感じられたこの主張はいまや、希薄で皮相的に見える。ポーランドは少なくとも二〇〇五年以降、政治的経歴が反共産党の「連帯」運動に始まる大統領と首相に率いられてきている。カチンスキの主たる敵は左派にではなく、リベラルの中道右派にいるのである。ポーランドには元共産党員による強力な事業独占も存在しない――少なくとも全国レベルでは存在せず、そこでは多くの人が特別な政治的コネなしに財産を築いてきているのである。実は、目下ポーランド政界でもっとも著名な元共産党員は、戒厳令時代〔一九八一～八三年。「連帯」指導者らが根こそぎ拘束された〕に検察官だったスタニスワフ・ピョトロヴィッチ。いまや「法と正義」の憲法裁判所判事候補だ。驚くまでもなく、彼は司法の独立の大敵である。オルバーンも定期的に元共産党員を高位ポストに任用している。両国政府の「反共産主義」は、もう一つの偽善なのである。

それでもなお、「共産主義」の影響が続いているという陰鬱な警告は、わたしの世代の右翼イデオローグには訴える力を保っている。彼らの一部にとっては、それは自分の個人的な失敗、あるいは単なる運のなさを説明しているように思われるのだ。一九七〇年代に反体制だった誰もが一九八九年以後、首相やベストセラー著述家、あるいは社会に知られた尊敬される知識人になれたわけではない。そして多くの人にとって、これが身を焼くような遺恨の源泉になっているのだ。もし自分が支配するに値する人間だと信じているなら、自らの野心を実現するためにエリートを攻撃し、裁判官を抱き込み、報道機関を歪めようとする動機は強い。遺恨、嫉妬、そして何よりも「体制」が（国家にとってだけでなく、自分にとっても）公正を欠いているとする思い込み——これらはポーランド右翼の移民排斥イデオローグたちの間にある重要な感情であって、彼らの個人的動機と政治的動機は腑分けすることが難しいほどである。

たしかにこれはわたしが、ポーランド国営テレビの社長で、一党国家を望む中心的理論家ヤツェク・クルスキをめぐる話から知ったことなのである。彼はポーランド最大でもっとも影響力のあるリベラル派新聞の編集者を務める兄のヤロスワフ・クルスキと同じ場所で、同じ時期に、社会に出た。同じ家族に生まれながら、二人はポーランドについて非常に異なった考えをもっている。同じポーランドというコインの裏と表なのだ。

クルスキ兄弟を理解するには、彼らの出身地を理解することが重要だ。造船所のクレーンが巨大なコウノトリのように、古いハンザ都市の街頭を睥睨(へいげい)するバルト海の港湾都市グダニスクである。クルスキ兄弟はそこで一九八〇年代初めに成年になった。グダニスクがポーランドにおける反共産党活動の中心地であると同時に、停滞したみすぼらしい町、策謀と倦怠が等しく存在する町だった時代だ。

そんな特別な時期に、特別な場所で、クルスキ家は目立った。アンナ・クルスカは法律家にして裁判官で、当時の主要な反政府組織である「連帯」労組で活躍していた。家庭ではドアは常に開かれていた。緊急の法律問題を相談したいとか、場合によってはいくらかの助言を得たいと思って立ち寄る人が、一日じゅう引きもきらなかった。それから彼らは腰を落ち着け、お茶を飲み、たばこを吸い、またお茶を飲んでさらにしゃべるのが常だった。一九八〇年代のグダニスクでは誰も事前に電話を入れなかった。電話機をもっていないし、もっていても盗聴されていないとは考えなかったのだ。

アンナの息子たちもまもなく活動家になった。当時地下労組のもっとも重要な活動家の一人だった上院議員、ボグダン・ボルセヴィッチはわたしに、彼らの学校はズ、レ、ヴォ、ル、ト、ヴァ、ネ、し、ている――不従順、共産主義体制に反抗している――ことで広く知られていたと教えてくれた。ヤロスワフは反体制の取り組みである同校「議会」のクラス代表だった。ポーランドの保守的哲学・文学の読書グループにも参加していた。やや年少のヤツェクは、共産主義に対する知的戦いにはそれほど関心がなかった。自分はむしろ活動家で急進派だと考えていた。一九八一年に戒厳令が布告され、「連帯」の短期間の合法的地位に終止符が打たれたあと、兄弟はそろって行進に参加し、スローガンを叫び、旗を振った。二人はまず非合法の学校新聞で、次いで「連帯」の非合法反体制新聞『ソリダルノシチ〔連帯〕』で働いた。

一九八九年一〇月、ヤロスワフは「連帯」指導者、レフ・ワレサの報道官になったが、ワレサはポーランド初の非共産政権が発足すると、機嫌が悪く、自分がないがしろにされたと感じていた。革命的な経済改革と急速な政治的変化の混乱のなかで、ワレサには明確な役割がなかったのだ。結局一九九〇年末、ワレサは大統領選に出馬し、勝利した。ポーランドにおける交渉を通じた共産主義の崩壊に付随する妥協、とりわけ元共産党員を投獄しないという決定に、すでに遺恨を抱いている人びとを扇動したことも奏功した。この経験からヤロスワフは、自分は政治が、とりわけ遺恨の政治が肌に合わないことに気づいた。「わたしは政治をするとは本当はどういうことなのかを知ってしまった……嫌な陰謀、ゴシップ探し、中傷キャンペーンなんだ」

これはのちに「法と正義」を創立するカチンスキとの最初の出会いでもあり、ヤロスワフはわたしに、彼について「そうしたすべてのことの手練れ。彼の政治思考には偶然といったものはない……何かが起こったら、それは部外者による策謀だった。『陰謀』は彼がもっとも好む言葉なんだ」と語っている。（ヤロスワフと違い、ヤツェクはどうしてもわたしと話そうとしなかった。数人いる共通の友人の一人が彼個人の携帯電話番号を教えてくれた。わたしはメールを送り、次いで二度電話し、メッセージを残した。再び電話して名前を告げ、大声で繰り返すと、誰かが甲高い声で答え、「もちろん、もちろん」ポーランド・テレビの社長は当然折り返し電話しますよ、と彼は言った。だが、電

話はなかった）
　結局、ヤロスワフは辞職し、『ガゼタ・ヴィボルチャ〔選挙新聞〕』に加わった。一九八九年に実施されたポーランド初の部分的自由選挙の際に創刊された新聞だ。新しいポーランドで、自分は何かの建設、自由新聞の創出を手助けできる、と彼はわたしに話した。自分にはそれで十分なのだと。ヤツェクは正反対の方向へ向かった。ヤロスワフがワレサのために働くことをやめたと知ると、彼は「兄さんはばかだよ」と言った。ヤツェクはまだ高校在学中だったが、もう自分の政治キャリアに関心をもっており、誰も気が付きゃしないだろうとの理由で、兄の仕事を引き取ることまで提案した。「以前はヤレク〔ヤロスワフの愛称〕がいて、今度はヤツェクがいるんだ。だれに違いが分かる？」
　ヤツェクは――兄の表現によれば――そもそもの初めから陰謀家、策士、共謀の考案者だったカチンスキ兄弟に常に「惹かれて」いた。その一方で、ポーランド保守主義の象徴である事柄、兄の心をとらえてきた書物とか議論には特段興味をもってはいなかった。兄弟の共通の友人である女性は、ヤツェクが真の政治哲学をいささかでももっているとは思わない、とわたしに語っている。「彼が保守主義者？　そうは思わないわ、少なくとも保守主義の厳密な定義では。彼は上に立っていたがる人間なのよ」。そして一九八〇年代末からこの方、それが彼の目指したところなのだと。
　普通は政治理論家があまり注目しないようなたぐいの感情が、次に起きたことでは重要な役割を果たしていた。ヤツェク・クルスキはハンナ・アーレントが描いたような極端に孤独な体制順応主義者ではなく、悪の陳腐さを具現してもいない。すなわち、命令に従う官僚ではないのだ。民主政治というテーマについて、思慮深いことや興味あることは何も語ったことがない。自分としては、民主政治は支持も非難もしない政治システムなのだ。彼はイデオローグでもなければ、本物の信念の人でもない。不当に拒まれてきた気がしている、権力と名声を欲しがる男なのだ。ヤツェクを理解するには、政治学の教科書を超えて、文学上のアンチヒーローを研究する必要がある。シェイクスピアのイアーゴーを見てもいいだろう。オセロの不安と嫉妬心をもてあそんで彼を操った人物だ。スタンダールのジュリアン・ソレルを研究することもできるだろう。個人的出世の邪魔になった愛人を殺害した人物だ。

本来的な孤独感ではなく、遺恨と復讐、それに嫉妬が次に起きたことの背景にある。ヤツェクは結局、ワレサに背を向けた。自分にふさわしいと思える仕事をワレサが彼に与えなかったからだ。ヤツェクは結婚し、離婚した。兄の新聞を数回訴え、新聞は彼に反訴した。ヤツェクは激烈な本を共著として執筆。ポーランド右翼に対抗して結集する秘密の勢力に関する陰謀論の映画を制作した。この両企画は、ヤツェクのようにポスト共産主義の初期二五年間に権力から不当に排除されたと感じているグループの間で、彼に一定の威信を与えた。

ヤツェクはまた、異なる時期に、ある時は傍流の、ある時は中道の、異なる政党ないし小グループのメンバーだった。下院議員を一期務めたが、なんら業績はない。ヨーロッパ議会議員も一期務めたが、こちらでも業績はない。彼はいわゆるネガティヴ・キャンペーンを専門とするようになった。ドナルド・トゥスクの祖父がナチ時代のドイツ国防軍に志願したとのうわさを広め、トゥスクの大統領選運動の妨害に手をかしたことは有名だ（トゥスクは結局、首相〔二〇〇七〜一四年〕とその後ヨーロッパ理事会常任議長〔二〇一四〜一九年〕になった）。この作り話について聞かれ、ヤツェクは一部のジャーナリストに対し、もちろん本当じゃないが、「チェムヌイ・ルド・ト・クーピ」（ざっと訳せば「無知な田舎者はそれを信じる」の意味）と話したと伝えられている。伝説的な「連帯」指導者だったボグダン・ボルセヴィッチは、ヤツェクを「良心のとがめがない」と評している。

だが、公人としての生活で数年を過ごしたものの、ヤツェクは自分がかつての十代の「連帯」活動家として当然与えられるべきだと考える大衆的評価を勝ち取れなかった。そしてこれが大きな失望だったと兄は考えている。「彼は人生を通じて、偉大なキャリアの資格がある……自分は首相になる、なにか大きなことを成す運命にあると信じていた。ところが、運命が失敗の繰り返しを決定づけた。……彼は、これはとんでもない不公正だと結論したんだ」。対照的に、ヤロスワフは成功し、主流派の一員、ほぼ間違いなく同国のもっとも重要な新聞の編集長になった。

二〇一五年、カチンスキは政治の周縁部でくすぶっていたヤツェクを引き上げ、国営テレビの社長に据えた。そしてこれこそ、ついにヤツェクの欲求不満を取り除くチャンスだった。仮に英国ＢＢＣ放送が陰謀のウェブサイト「インフォウォーズ」に乗っ取られたら、どうなるか想像してみてほしい。そうすれば、数チャンネルのラジオ・テレビ放送を運営し、今も国民の多くにとって主要なニュース源であるポーランドの公共放送局「テレヴィジア・ポルスカ」に起きた事態がおおよそ分かるだろう。ヤツェクによる国営メディアの破壊は違法だったが——憲法によれば、国営テレビは政治的中立が求められる——、きわめて不道徳でもあった。復讐の渇望に突き動かされた人物の仕事なのだ。

非常に著名なジャーナリストたちが解雇され、以前は公共生活の周縁部で極右メディアのために働いていた面々に入れ替えられた。ニュース放送が客観性、中立性の装いの片鱗もかなぐり捨てるのは実に素早かった。代わりに、ニュース放送は歪められた報道番組を制作し、与党の意にそわない人びと組織に対する大々的な報復を実行した。のちに分かったように、こうした報復は醜悪であるばかりか、命にもかかわった。グダニスク市長パーヴェウ・アダモヴィッチに対する悪意に満ちたキャンペーンが、数カ月間立て続けに繰り返し流され、市長を汚職から国家反逆行為にいたるまであらゆる罪で責め立てた。これに耳を傾けている人物がいた。二〇一九年一月一三日、釈放されて間もない犯罪者が、刑務所で視聴していた国営テレビに刺激され、チャリティーコンサートの山場でステージに飛び上がって、アダモヴィッチの胸にナイフを突き刺したのである。市長は翌日死亡した。

それにもかかわらず、ヤツェクもカチンスキも、このチャンネルが殺人犯の過激化に果たした役割をまるで認めなかった。逆である。テレヴィジア・ポルスカは謝罪するのではなく、ほかの人びとに毒舌を向けた。そのなかにはグダニスクの新市長アレクサンドラ・ドゥルキエヴィッチがいて、彼女はいまやボディーガードが必要になっている。ポズナニ市長も他の数市の市長とともに、殺害の脅しを受けている。ポーランドでは政治暴力に対するタブーが破られ、次の犠牲者がだれなのかはだれにも分からない。

それでもなお、これまで後退することはなく、絶え間ない憎悪の囃子太鼓が次の暗殺を促す可能性があることを認めていない。同チャンネルは不偏不党に対し、口先だけの支持さえしていない。中立的なコメンテーターは一人も採用しない。逆に、迫真性を操作する自らの能力を喧伝しているのだ。二〇一八年のある時、この局はある記者会見のフィルムクリップを流した。当時の野党指導者グジェゴシュ・スヘティナは、同党が二〇〇七年から一五年まで八年間の政権で何を成し遂げたかを問われた。そのクリップはスヘティナが間をおいて難しい顔をするところを映す。そのビデオは速度が落ち、そこでおしまい。まるで彼が何も言えなかったかのようだ。

実際には、スヘティナは道路の大規模建設や地方への投資、それに外交での前進について、数分間語っていたのだ。だがこの操作されたクリップは――多くあるうちの一例だが――大成功と見なされ、数日間にわたってテレヴィジア・ポルスカのツイッターのフィードのトップに張り付けられた。「法と正義」の支配下、国営テレビは政権のプロパガンダを制作しているだけではない。そうしているという事実に注目を促しているのだ。情報を曲解、歪曲しているだけではなく、欺瞞を誇っているのだ。

長年尊敬されることがなかったヤツェクは、ついにリベンジを果たした。テレビ局社長を公式に退いたあとも――党内の一部の目には、彼は度を越しはじめていた――、まさに自分がそうあるべきだと考える場所にとどまっている。すなわち、大衆に火炎瓶を投げ込む急進派として、注目の中心にである。合理性と能力がものを言う政治システムのなかで昇進できないことからくる彼の不満は、いまや克服された。反自由主義的な一党独裁国家は彼にピッタリ合うのだ。その国家が醜悪になればなるほど、彼はより多くの恐怖を吹き込み、より大きな権力を手にするのである。戦うべき敵として、共産主義はもはや役に立たない。だが、新たな敵は見つけることができる。その敵に対する彼の勝利は、彼を一段と大物にすることだろう。〔国営テレビのHPによるといったん退任したものの二〇二〇年八月に再任されている〕

ジョージ・オーウェルからアーサー・ケストラーまで、二〇世紀のヨーロッパの作家たちは「大デマ宣伝（ビッグ・ライ）」の観念、すなわち共産主義とファシズムという巨大なイデオロギー的構築物に心を奪われていた。「党」ないし「指導者」への忠誠を要求するポスター、隊列を組んで行進する茶シャツ隊員〔ナチス突撃隊員〕と黒シャツ隊員〔ナチス親衛隊員〕、松明パレード、テロ警察——大デマ宣伝に対するこうした強いられた支持の表示は、あまりに不合理で非人間的であるため、長期間にわたって暴力を押しつけ、暴力の脅しを維持する必要があった。大デマ宣伝は強制的な教育とあらゆる文化の徹底管理、ジャーナリズム・スポーツ・文学・芸術の政治化を必要とした。

対照的に、二一世紀のヨーロッパの分極化する政治運動は、その支持者にそれほど多くを要求しはしない。これらの政治運動は本格的なイデオロギーを信奉せず、したがって暴力もテロ警察も必要としないのである。この政治運動は知識人による擁護を望むが、彼らに黒を白と、戦争を平和と、また国営農場が生産計画の一〇〇〇パーセントを達成したなどと宣言することを強制しはしない。大方の運動は日々の現実と齟齬をきたすようなプロパガンダは採用しない。にもかかわらず、どの運動も、大デマ宣伝ではないまでも、歴史家のティモシー・スナイダーがかつてわたしに語った「Mサイズのうそ」と呼ぶべきものに依拠しているのだ。別の言い方をすれば、どの運動も支持者たちに少なくとも生活時間の一部で、別の現実（オールタナティヴ・リアリティ）に関わるよう促す。その別の現実は、時には組織的に発展してきた。さらに多くの場合、現代のマーケティング技術や聴衆の細分化、それにソーシャルメディアによるキャンペーンの助けを借りて、丹念に練り上げられてきたのである。

アメリカ人はもちろん、うそが分極化を促し、外国人アレルギーを燃え上がらせるやり方になじみがある。ドナルド・トランプは大統領選に出るよりはるか以前に、バーセリズムを売り込んで米国の政界に入った。これはオバマ大統領が米国生まれではないといういんちきな命題のことで、当時はその威力が著しく過小評価されていた陰謀論である。しかし、最初は一政党の選挙運動の中心的政策として、次いで政権与党が背後に抱える現代の中央集権的国家機構を全力動員して、「Mサイズのうそ」――陰謀論――が宣伝されるとどうなるか。その例を、少なくともヨーロッパの二国ポーランドとハンガリーに見ることができるのである。

ハンガリーでは、このうそは独創的なものではない。それはジョージ・ソロスが人間業を超えた力をもっているという考えであり、目下ロシア政府その他によっても宣伝されている。あのハンガリー系ユダヤ人の億万長者が、移民を意図的に導入することでハンガリーの破壊を企んでいるとされる。この説は成功した多くの陰謀論と同じように、多少の真実に立脚している。ソロスはたしかに、中東の貧困諸国の難民危機を救うために、豊かなヨーロッパは人道的態度を取ってもっと多くのシリア人を受け入れてもよいと、かつて提案したことがある。だが、ハンガリーの――そしてヨーロッパおよびアメリカの極右、白人至上主義者、そして「アイデンティタリアン」〔白人など特定の人種・民族集団の政治的利益の支持者〕の、無数のウェブサイト上の――プロパガンダは、それをはるかに越えている。ソロスは、白人でキリスト教徒のヨーロッパ人を――それもとくにハンガリー人を――褐色肌のイスラム教徒に入れ替えようというユダヤ人の周到な陰謀の首謀者だというのだ。こうした運動組織は移民を、単に経済的重荷とかテロの脅威としてだけでなく、民族そのものの存亡がかかった挑戦として受け止める。ハンガリー政府はことあるごとに、国民を脅して政府支持に向かわせることを期待して、ソロスの顔をポスターや地下鉄車両の床面、それにリーフレットに掲載している。

ポーランドの場合、そのうそは曲がりなりにも独特だ。それはスモレンスクの陰謀論で、わたしたちのかつての友人、アニータ・ガルガスをとりこにしているものだ。すなわち、ある非道な陰謀が二〇一〇年四月に大統領の航空機を墜落させたという説である。この墜落には不気味な歴史上の残響があったため、ポーランドでは特別な威力をもっているのだ〔ガルガス女史は当時の市民プラットフォーム政権がロシアの調査協力申し入れに応じなかったとか、墜落前に機内で爆発があったことを示す証拠を隠しているなどと主張する〝ドキュメンタリー〟を制作している〕。死亡した大統領レフ・カチンスキはカティンの虐殺の追悼イベントに向かう途上にあった。スターリンが二万一〇〇〇人以上のポーランド人将校を虐殺した一九四〇年の集団殺戮――当時の同国エリートに対する用意周到な襲撃――が起きた場所だったのである。数十人の軍関係者や政治家も同乗しており、多くはわたしの友人だった。わたしの夫は、客室乗務員を含め搭乗者のほぼ全員を知っていた。

その出来事のあと、感情の大波が起きた。「9・11」後の米国をとらえた狂気に似たもの、一種のヒステリーが国民をのみ込んだのだ。テレビのアナウンサーは黒の喪のネクタイを着けた。ワルシャワのわたしたちのアパートに友人らが集まり、あの陰鬱でじめじめしたロシアの森で歴史が繰り返されたことについて語り合った。わたし自身のその後の日々の記憶は混乱し、混沌としている。追悼ミサに着ていく黒のスーツを買いに行ったことを覚えている。立っているのも覚束ないほど衰弱した一人の未亡人が、夫の葬儀で泣いていたのを覚えている。わたしの夫は大統領のその旅に同行する誘いを断っていたのだが、毎晩空港へ行って、直立不動で棺の帰国を出迎えた。

当初、この悲劇は国民を統合するように思われた。すべての主要政党の政治家がその航空機に乗っていたのだから。全国各地で葬儀が執り行われた。当時ロシアの首相だったウラジーミル・プーチンさえ心を動かされたようだった。彼は墜落事故のその夜、当時ポーランドの首相だったトゥスクに会うためスモレンスクへ行った。翌日、ロシアで視聴率の一番高いチャンネルが、ポーランドの偉大な監督アンジェイ・ワイダの、感情に響く非常に反ソ的なポーランド映画『カティン』を放映した。後にも先にも、そんな作品がこれほど広くロシアで放映されたことはなかった。

ところが、墜落事故が国民を結集させることはなかった。事故調査も同じである。

ポーランドの専門家チームが、その日のうちに現場に着いた。チームは遺体の確認に全力を挙げた。残骸を検分した。ブラックボックスが見つかると、コックピットの録音の文字起こしを始めた。明らかになりはじめた真実は、「法と正義」にも、死亡した大統領の双子の兄弟である党首にも、面白いものではなかった。その航空機は遅れて離陸していた。大統領は急いでいたようだった。彼はこの旅を大統領再選運動の開始に利用したい考えだったのだ。彼は前夜、酒を飲んで遅くまで起きていたのかもしれない。パイロットたちが現地にアプローチすると、スモレンスクは厚い霧に包まれていた。スモレンスクには本物の空港はなく、森を切り開いた着陸路があるだけだった。パイロットは機を方向転換することを考えたが、そうなれば追悼イベントまで車で数時間かかる。大統領が兄弟と手短に電話で話したあと、彼の顧問らはパイロットに着陸を強要したようだった。顧問の一部は規則に違反して飛行中、コックピットに出入りしていた。これもまた規則に違反して、空軍の指揮官がやってきてパイロットの脇に座った。「ズミエシチシ・シェン・シミャーウォ」(「思い切ってやれ」)と彼は話した。数秒後、同機はカバノキの梢に接触、回転して、地面に突っ込んだのである。

最初、弟のヤロスワフ・カチンスキは墜落が事故だったと考えていたようだ。墜落の情報を彼に伝えるという辛い仕事にあたっていたわたしの夫に「それは君たちの失策、そしてタブロイド紙の失策だ」と言った。政府がタブロイド・ジャーナリズムに脅されて、新しい航空機の購入を拒否していたのだから、政府の失策だと言っていたのだ。しかし、事故調査が進むにつれ、その結果はカチンスキの気に入らないものになった。同機にはなんの問題もなかったのである。

無作為の悲劇に意味を見出す陰謀論に頼る多くの人びとのように、おそらくカチンスキは、愛する兄弟が無意味に死んだという事実を受け入れることができなかったのだ。大統領と彼のチームが、ひょっとするとあの電話に刺激されさえして、パイロットに着陸を無理強いし、墜落につながる出来事の連鎖を作動させてしまったことを証拠が示しているという、いっそう難しい事実を、おそらく受け入れることができなかったのである。彼は罪の意識か——その旅は彼の発案だった——良心の呵責を感じていたのかもしれない。あるいはひょっとして、ドナルド・トランプのように、陰謀論が自らの権力獲得の助けになり得ると読んでいたのかもしれない。

トランプが大統領候補になる前から、バーセリズムを使って「既得権益層」に対する疑念をかき立てたことによく似て、カチンスキはスモレンスクの悲劇を使って支持者を刺激し、極右の新たな支持者に手を伸ばし、彼らに政府やメディアを信じないよう得心させた。彼は時には、ロシア政府が航空機を墜落させたとほのめかすことがあった。現在は最大野党である当時の与党に、兄弟の死の責任をなすりつけることもあった。「君たちが彼を殺したのだ。君たちが殺害したのだ。君たちはくずだ！」彼はかつて議会でこう叫んだ。

彼の非難はどれも真実ではなく、ある程度は彼もそれが分かっているようだ。おそらく、流布する必要のあるうそから幾分距離を置くために、陰謀論を宣伝する仕事を古くからの風変わりな仲間の一人に与えた。アントーニ・マチェレヴィッチはカチンスキ世代の一人で、長年の反共主義者。もっとも、ロシアとのいくらかの奇妙なつながりと奇矯な性質をもつ人物だ。彼の秘密めいた振る舞いと個人的強迫観念――彼は『シオンの長老の議定書』が信用できる文書だと思うと語ったことがある――のために、「法と正義」は二〇一五年の選挙で、ある公約をするまでになった。マチェレヴィッチが国防相になることは絶対にないというものだった。

だが、同党が勝利するやいなや、カチンスキは公約を破り、マチェレヴィッチをまさにそのポストにつけた。マチェレヴィッチはたちまちスモレンスクのうそを制度化しはじめた。奇人変人から成る新たな調査委員会を発足させた。メンバーには民俗音楽研究家や退職パイロット、心理学者、ロシア人エコノミスト、そのほか航空機の墜落にはなんの専門知識もない面々が入っていた。以前の公式報告は政府のウェブサイトから削除された。元の調査で証言した航空専門家の家に警察が入り、彼らを尋問し、コンピューターを押収した。米国防長官と会うためワシントンを訪問した際、マチェレヴィッチが最初に尋ねたことは、米国の情報当局がなにかスモレンスクに関する秘密情報をもっていないかどうかだった。その反応として、国防相の精神状態についての懸念が広がった。

選挙の数週間後、ヨーロッパ諸機関と人権グループが「法と正義」の行動に反発しはじめたとき、司法と公共メディアの骨抜きが焦点になった。スモレンスクの陰謀論の制度化は焦点にならなかった。それは、率直に言って、部外者が理解するにはあまりにも突飛すぎたのである。だがそれでも、政府の政策の中心に一個の空想を据えるという決定は、現実に支持者の多くを鼓舞したのだ。

マチェレヴィッチ委員会はこれまで、墜落に対する別の信頼できる説明を作成していないが、スモレンスクのうそはほかのうその道徳的基礎になってしまった。この手の込んだ説を受け入れることができるなら、何でも受け入れられるのだ。マチェレヴィッチを入閣させないという約束の反故も受け入れることができる。「法と正義」は「愛国的」で反ロシアの政党ということになっているにもかかわらず、上級の軍司令官の多くを解任し、兵器契約をキャンセルし、ロシアとつながりのある者たちを昇進させ、深夜にワルシャワのＮＡＴＯ施設に押し入る。そんなマチェレヴィッチの決定も、受け入れることができるのだ。そのうそはまた、極右の歩兵たちに、他の犯罪を容認するイデオロギー上の基礎を与えてしまった。同党がどんな失敗をしようと、どんな法律を破ろうと、とにかくスモレンスクに関する「真実」がものを言うのだ。

スモレンスクの陰謀論は他の目的にも役立った。もはや共産主義の記憶のない若い世代にとって、また、元共産党員がおおむね消えた社会にとって、それは一九九〇年代の苦闘から立ち現れた政治家や実業家、知識人に対し不信を抱くあらたな理由を提供した。さらに重要なことに、新たな、より良きエリートを定義する手段を与えてしまった。もはや競争も試験も、業績たっぷりの履歴書も必要なくなった。スモレンスクのうそを信じると告白すれば、だれでも定義上は真の愛国者なのだ――かくして、政府の職にありつく資格があるのだ。しかも、この単純なメカニズムが働いているのは、もちろんポーランドだけではないのである。

陰謀論が情緒に訴える力は、その単純さにある。それは複雑な現象をごまかしで説明し、偶然と不慮の出来事を説明し、それを信じる人間に、真実への特別で特権的なアクセスを有しているという満足感を与える。一党独裁国家の門番になった人間にとっては、こうした陰謀論の繰り返しは、権力というもう一つの報償ももたらす。

マリア・シュミットはわたしの大晦日パーティーにはいなかったが、わたしは彼女をずっと前から知っている。彼女は歴史家でハンガリーのスターリン主義に関するいくらかの貴重な研究の著者だ。わたし自身がハンガリーのスターリン主義について書いていたとき、彼女は大いに助けてくれた。わたしたちが初めて会ったのは二〇〇二年で、当時彼女はブダペストにある「テロール・ハーザ」(テロ博物館)のオープニングにわたしを招いてくれた。同館は一度、わたしに賞をくれたことがある。彼女が今も館長を務めるこの博物館は、ハンガリーにおける全体主義の歴史を調査研究している。オープンしたときは、東ヨーロッパではもっとも革新的な博物館の一つであった。

この博物館は初日から厳しい批判を受けてもきている。多くの来場者は最初の部屋が気に入らなかった。そこは、一方の壁面にナチのプロパガンダを放送するテレビのパネルがあり、反対側の壁面には共産党のプロパガンダを放送するテレビパネルがあるのだ。今ではそれほどでもないが、二〇〇二年の段階ではまだ、これら二つの体制が対比されるのを見るのはショックだった。共産主義者はファシストよりはるかに長期にわたってハンガリーを支配したとはいえ、ファシズムの犯罪に割かれた比重とスペースが不十分だと感じる人もいた。だから、展示すべき材料はもっとあるはずだと。博物館がビデオとオーディオ展示、それに展示物の知的な活用によって若い世代に訴えようとしている事実が、わたしには好ましかった。一般のハンガリー人が両体制と協力したことを見せている事実も好ましかった。これは彼らの子孫が、自分たちの国は――どの国とも同じように――外部者に問題の責任をなすりつける狭量なナショナリズムの罠を避けて、自国の政治と自国の歴史に責任を負わなければならないことを理解する助けになるだろう。そう、わたしは考えた。

　だが、ハンガリーがいま陥ってしまっているのは、まさにこの狭量なナショナリズムの罠なのだ。ハンガリーの遅ればせながらの共産主義の過去の清算――博物館の建立や追悼行事の挙行、犯罪者の名指し――は、わたしが思ったようには、法の支配の尊重を強化する役には立たなかった。反対に、テロール・ハーザのオープンから一六年、ハンガリー与党の念頭にはいかなる種類の抑制もない。国営メディアの与党化と民営メディアの破壊の点では、「法と正義」と比べてさえ、はるかに上手を行った。民営メディアの破壊は、脅迫と広告へのアクセス妨害、次いで、嫌がらせと収益の喪失で体力を失くしたメディアの資産を買収するよう、友好的な実業家に促すことによって達成した。ハンガリー政府はイデオローグの取り巻き連に加え、ロシア政府のように、オルバーンに忠実でそれによって利益を得る新しいビジネス・エリートをつくり出した。名前を出してほしくないというあるハンガリー人実業家がわたしに語ったところでは、オルバーンが初めて政権を引き継いでまもなく、体制の取り巻きたちがこの実業家の会社を廉価で手放すよう要求した。彼が断わると、連中は脅迫行動とともに「税務調査」その他の嫌がらせを始め、そのため彼はボディーガードを雇わざるを得なかった。結局、彼は同じ立場におかれた多くの人びとと同じく、ハンガリーの資産を売却し、国を離れてしまった。

　ポーランド政府と同様に、ハンガリー国家は「Mサイズのうそ」を売り込む。ハンガリーが抱える諸問題――病院の備えがお粗末な新型コロナウイルス感染症を含む――を、存在しないイスラム移民やEU、そしてまたもやジョージ・ソロスのせいにするプロパガンダを吐き出しているのだ。反体制の人物証明と知的業績があるにもかかわらず、歴史家で学者で博物館長であるシュミットは、そのうその主要創作者の一人だった。彼女は定期的に長い怒りのブログメッセージを投稿しており、爆発する怒りの対象はソロスであり、もともと彼の資金で設立された中欧大学であり、「左翼インテリ」——彼女は多くの場合、中道左派から中道右派までの自由民主主義者を指しているようだ——なのである。

シュミットの体験談はアイロニーとパラドクスに満ちている。彼女自身、著名ではなかったが、反共産政権派のメンバーだった。大学時代、共産主義に対する反対派が全員、同じ図書館で日常どのように勉強していたかをわたしに語ったことがある。途中でだれかが合図を出すと、全員が立ち上がってコーヒーを飲みに集まるようにしていたと。一九八九年のあと、彼女はハンガリーの政権移行の主たる受益者になった。今は亡き夫がポスト共産主義の不動産市場で財を成し、そのおかげで彼女はいまブダ側の丘の瀟洒な家に住んでいる〔首都ブダペストはドナウ川を挟んで高台のブダとペシュトから成る〕。彼女はソロスが設立した中欧大学を害するように仕組まれた宣伝活動を指導したのだが、息子はそこの卒業生だ。そして、一九四〇年代にハンガリーで何が起きたかを十分承知しているにもかかわらず、かつては評価の高かったハンガリーの雑誌『フィジェルー』を引き継ぐと、徐々に共産党の教則本に従っていった。編集者を替え、中立的記者を追い出し、忠誠度が信頼できる政府寄りのライターに取り換えたのだ。

同誌は「民営資産」にとどまり、したがって原理的には不偏不党だった。しかし、だれが同誌を支えているかは、最初から見え見えだった。ハンガリーの非政府組織（ＮＧＯ）に対する攻撃を特集した号——表紙は彼らを事実上、イスラム国（ＩＳ）と同列においていた——には、ハンガリー国立銀行、財務省、政府が出資する公式の反ソロス運動など十数ページにわたる政府の広告も載っていた。

これはかつて共産党の出版物が使ったのと同じ冷笑的な論調を備えた、政府支持の、一党独裁国家のジャーナリズムの現代版である。それはヤツェク・クルスキのポーランド国営テレビのハンガリー版。冷笑的で不作法で悪意に満ちている。二〇一八年四月、同誌はいわゆる「ソロスの傭兵たち」――ソロスの寄付を受けた組織のために働く「売国奴」――のリストを掲載し、彼らを侮蔑と攻撃の対象に仕立て上げた。同じ年の一二月には、ハンガリーのユダヤ人社会の指導者アンドラーシュ・ハイスラーの肖像の上と周囲に、ハンガリー紙幣二万フォリントが漂う図柄を表紙に載せた。

　シュミットは――わたしを「尊大で無知」と呼んだあとで――、わたしが『ワシントン・ポスト』紙に書いたハンガリーなどに関する記事に対する彼女の反論に耳を傾けるとの条件で、わたしと話すことに同意した。この招きには期待がもてなかったが、わたしはブダペストへ飛んだ。期待していたまじめな会話は不可能なことが分かった。シュミットは見事な英語を話すのだが、通訳を使いたいと言った。彼女は剣呑な顔つきの若者を登場させたが、発言記録から判断すると、彼は彼女の発言の多くを省略してしまった。そして、彼女はわたしをほぼ二〇年前から知っているのに、テーブルにテープレコーダーをドンと置いた。これは不信の合図だとわたしは想像した。

　次いで彼女は、ブログ記事と同じ議論を繰り返しはじめた。ジョージ・ソロスが米国で民主党を「所有している」ことを示す彼女なりの主たる証拠として、『サタデー・ナイト・ライブ』〔米NBCのバラエティー番組〕のエピソードを例に引いた。米国が「イデオロギーに基づく中心的な植民地大国」だという証拠として、彼女はバラク・オバマの演説を例に引いた。オバマはこのなかで、一九三〇年代と四〇年代にハンガリーの反ユダヤ人法を書いた人物、バーリント・ホーマンをたたえる像を建立しようというハンガリーの某財団の提案を批判していた。彼女は移民がハンガリーに直接的な脅威を与えているとの主張を繰り返し、わたしが何度か、移民はいったいどこにいるのか尋ねると、当惑するのだった。「ドイツにいるわ」と最後にぶっきらぼうに言った。もちろんそうなのだ。なんとかハンガリーに入国した中東からの少数の移民は、そこにとどまる希望をもってはいなかった。移民はハンガリーの空想上の問題であって、現実の問題ではないのだ。

シュミットは短気で怒りっぽい。彼女は恩着せがましく感じるという。しかもその相手はわたしだけではないのだ。最近、著述家のイヴァン・クラステフはこの気分を描き、「ポストコロニアル」の心的傾向になぞらえている。一部の人びと、とくにシュミットのように教養のある知識人はいま、民主政治の基底にある普遍的価値観に感銘を受けず（あるいは関心がなく）、自分がオリジナルなものの創設者ではなくて、欧米民主主義プロジェクトの模倣者であったことを恥辱と考えているという。わたしとの話のなかで、シュミットはまさしくこの言い回しを使った。欧米メディアと外交官は「かつて植民地に対してそうだったように、上から下に向かって話しているのよ」と彼女は言う。反ユダヤ主義や腐敗汚職や権威主義についての話を聞くと、彼女は本能的に一種の「余計なお世話よ」という反応を示すのだ。

とはいえシュミットは、欧米の民主政治への批判に長い時間を費やしながらも、代わりによりよいもの、あるいは異なるものを何一つ提案してはいない。ハンガリーの特異性と「ハンガリーらしさ」の価値をいちずに信奉しながら、彼女のまったく独自性のないイデオロギーの多くを、極右サイト『ブライトバート・ニュース』や、戯画化したアメリカの諸大学の描写と「性転換者のトイレ」についてのあざけりのジョークから、そっくりそのまま借用してきているのだ。だが、ハンガリーには語るべき文化的左翼は存在しないし、いずれにせよオルバーンは、ハンガリー科学アカデミーを政府の管理下におき、学者たちを脅して沈黙させ、中欧大学を国外に追い出したのであり、国内左派のだれよりも学問の自由にたいする脅威になっているのである。わたしが知るハンガリーのある学者グループは、研究資金や職を失うことを恐れ、ある選挙分析を公表しないことにした（それはフィデスのごまかしを示していた）。だが、とにかくマリアは存在しない「左翼」との戦いを続けている。スティーヴン・バノン〔トランプ政権の元首席戦略官、ブライトバート・ニュースの創立者〕とマイロ・ヤノプルス〔英国出身の右翼ジャーナリスト〕を、このあきれた人物たちが二人とも米国でとうに大きな影響力を失ったあと、ブダペストに招くことまでした。彼女の新右翼ナショナリズムも、結局はもうひとつの模倣なのである。

もう一つのアイロニーは、彼女がオルバーンよりもはるかに、自分が心底憎悪するボリシェヴィキの気質を完全に体現していることだ。彼女の冷笑的態度には抜きがたいものがある。ソロスがシリア難民を支援するのは慈善行為であるはずがない、ハンガリーを破壊しようという深い欲求からきているにちがいないというわけだ。あの像についてのオバマの発言は、ソロスとの金銭関係を反映していたにちがいない。ドイツ首相アンゲラ・メルケルの難民政策は人びとを助けようという思いからきているわけがない、別の邪悪な意図があったのだ、と。「それはいんちきだと思う」とマリアは言う。「彼女はドイツ人が、今度は、良き国民であることを証明したかったのでしょうよ。そして、ヒューマニズムと倫理性について、ドイツ人がみんなに講釈できることをね。ドイツ人にとっては、何について世界に講釈できるかは問題じゃない。ただ、だれかに講釈しないではいられないだけなのよ」。

こうした発言はすべて、レーニンが「ブルジョア民主主義」の諸機関と、まやかしと考える報道の自由、それに真正でないと考えるリベラル理想主義を軽蔑したことを思い出させる。

だが、「Mサイズのうそ」は、たとえそれがオルバーンの行動より言辞に注目を集めているだけであるにせよ——ドナルド・トランプとカチンスキに役立ったように——、オルバーンの役に立っている。シュミットとわたしは二時間にわたる会話のほとんどを、ナンセンスな問題にかんする議論に費やした。すなわち、ジョージ・ソロスは民主党を所有しているのか？　二〇一六年に、ドイツに行くためハンガリーを横切ろうとした——そして今ではまったく来なくなった——難民は依然として、政府のプロパガンダが主張するように、国家にとっての脅威なのか？　わたしたちは、目下ハンガリーで非常に強まっているロシアの影響や、彼女の博物館の特別展が徐々に、ハンガリーにおける新たな反ドイツ・反ヨーロッパの形を取った政治的公正（ポリティカル・コレクトネス）を反映しはじめている事実については、まったく討論する時間がなかった。例えば一九一七年の記念に、彼女はロシア革命をドイツの情報操作にすぎなかったとする展示を行ったのだ。

わたしたちは汚職、あるいはオルバーンの友人たちがEU補助金から個人的に甘い汁を吸っている無数の手口——これはロイター通信や英紙『フィナンシャル・タイムズ』、その他のメディアで報じられている——、そして立法面の詐術については話さなかった。オルバーンの手法は機能している。すなわち、情緒に訴える問題について語れ。とくに国外では欧米文明の守護者を装え。そうすればだれも国内の縁故主義や汚職に気づきはしない——というわけである。

シュミットの動機も、とうとうあまり分からずじまいだった。彼女の国家的プライドが誠実なものであることは確かだと思う。だが、ハンガリーがジョージ・ソロスと相当数の目に見えないシリア人によって危急存亡の危機にさらされていると、本当に考えているのだろうか？　彼女は、信じる方が利益になることを信じるよう、自分を納得させることができるようなたぐいの人間の一人なのかもしれない。あるいは、敵に対してと同じように、自分自身の立場についてもシニカルで、すべては手の込んだゲームだというのかもしれない。

シュミットの立場にはあれこれ利点がある。オルバーンのおかげで、博物館だけでなく二つの歴史研究所の運営に必要な資金手当てと政治的支援を二〇年近くにわたって得てきており、それが、ハンガリー人が歴史をどう記憶すべきかを決定するユニークな力、彼女が享受する一つの権力を彼女に与えてきたのだ。この意味で、彼女はたしかに、ジュリアン・バンダがいう知識人の一人であるフランスの作家、モーリス・バレスを思わせる。バレスは「懐疑的な主知主義から出発した」にもかかわらず、とバンダは書く。「『必要な偏見』の使徒となった日、少なくともフランスで、その現世の星が百倍にも栄光の輝きを増すのを見たのである」と。バレスは過激な極右政治を承認した――そして、この過程で裕福かつ有名になった。シュミットの怒れる反コロニアリズムも、彼女の役に立っているのだ。

おそらくそれが、彼女が常に与党とうまく付き合い、非常に慎重にこのゲームを行っている理由である。わたしたちの会見のあと、彼女はわたしの同意を得ずに、大幅に手を加えたわたしたちの会話の写しを自分のブログに発表した。面喰らったことに、彼女がわたしにインタビューした形になっており、彼女の方が議論に「勝った」ことを証明する意図があるようであった。この写しはハンガリー政府のウェブサイトにも英語で掲載された。

ホワイトハウスがたとえば、スミソニアン研究所の所長と外国人のトランプ批判者の会話の写しを公表することを考えてみれば、それがいかに奇妙であるかは分かるだろう。だが、それを見て、わたしは彼女がインタビューに同意した理由に気がついた。それはシュミットが体制に忠実であり、体制を守る意思があることを他のハンガリー人に証明すべく仕組まれたパフォーマンスだったのだ。彼女はまさにそういう人なのである。

第3章 ノスタルジアの未来

ポーランドとハンガリーの政治の細部に深く分け入り、発音の難しい名前をもつ多くの人びとに出会い、ここまで読み進めてきた読者は、これを単なる地域的な話として退けたい気持ちにかられるかもしれない。ヨーロッパの民主政治の危機は、いまなお一九八九年の余韻を経験しつつある「旧共産主義諸国」に特有の、一種の「東」の問題だと、多くの人は想像するかもしれない。また、東ヨーロッパの新たな権威主義は地域全体が過去の遺産との取り組みを怠ったためだと考える人もいる。

だが、この説明では不十分である。というのは、こうした動向は新しいものなのだ。旧ユーゴスラヴィアを除けば、一九八九年以降の中部ヨーロッパには権威主義的ナショナリズムの、民主主義に逆行する波はなかった。その波はごく最近、この十年にわき上がってきたのだ。そして、それは神秘的な「過去の亡霊」のゆえにではなく、現存する自国の民主制を嫌う人びとの、特異な行動の結果として生じたのである。彼らが民主制を嫌うのは、それがひ弱すぎるとか、模倣しすぎであるとか、物事を決められないとか、個人主義的すぎるという理由からだ——あるいは、その民主制のなかでは彼ら自身が満足できるほど早く昇進していなかったためなのだ。兄の成功に対するヤツェク・クルスキの遺恨と、自分はもっと報われてしかるべきだという確信に、「東的」なものはなにもない。マリア・シュミットが反体制派からおべっか使いへと転向したことについては、「ポスト共産主義的」なものは何もない。こうしたことは非常に古くからある話で、「東」と同様、「西」にもある。この意味では、モスクワとベルリンの間の国々に関して、特別な点は何もないのである。

気持ちの良い一夜、アテネの猥雑な一角にある海鮮レストランで、わたしは一九九九年の大晦日パーティーのことを、あるギリシアの政治学者に話した。彼は静かにわたしを笑った。というより、わたしと一緒に笑った。悪気はなかったのだ。だが、わたしが分極化と呼んでいるこの事柄は、いまに始まったことではないという。「一九八九年以後のリベラルな運動――こちらが例外だったのですよ」とスタティス・カリヴァスは言う。結束の方が異例。分極化が常態なのだと。自由民主主義に対する懐疑もまた常態。そして、権威主義のアピール力は永久不変なのだと。

カリヴァスは分けても、諸々の内戦に関する有名な数冊の書籍の著者で、その一つは一九四〇年代のギリシアの内戦だ。徹底的に分散した諸々の政治グループが武器を取り、互いに殺し合いを始めた、ヨーロッパ史上の多くの危機の一つである。だが、内戦（シビル・ウオー）と国内平和（シビル・ピース）は、ギリシアでは最良の時代でも相対的な用語である。一九六七～七四年の間、凶悪な軍事政権が国を支配した。二〇〇八年にはアテネで激しいデモがあった。数年後、極左政党が極右政党との連立で政権に就いた。わたしたちが話し合っていたとき、ギリシアは中道的な運動が起きつつあった。突然、「リベラル」であることが流行になったと、アテネの多くの人がわたしに話してくれた。彼らはそれを、共産主義的でも権威主義的でもないものとして理解していた。最先端の若者たちは、ほんの数年前にはタブーであった用語を採用し、「新自由主義者(ネオリベラル)」を自称していた。この流行は重要な結果を生んだ。わたしが訪問した翌年、中道リベラルのキリアコス・ミツォタキスが実際にギリシアの総選挙で勝ち、首相になったのである。

それでもなお、もっとも楽観的な中道派の人びとさえも、この変化が永続するとは信じていなかった。「われわれは左翼過激派を切り抜けた」と、何人かは憂鬱そうに語った。「そして今度は右翼過激派に備えているのです」と。ギリシアに接する旧ユーゴスラヴィアの共和国だった北マケドニアの地位をめぐって、不快な議論が長く醸成してきていた。わたしがギリシアを離れてまもなく、ギリシア政府は同国北部で反マケドニア・ヒステリーを煽ろうとしたとして、数人のロシア外交官を追放した。国家がどのような平衡安定状態に達しようと、それを覆そうとする動機をもつだれかが国の内外に常にいるものだ。

ギリシアでは歴史は循環しているように感じられる。今は自由民主政治だ。だが次には、寡頭政治にならないともかぎらない。次いで、再び自由民主政治になる可能性がある。それから、外国による政府転覆やクーデター未遂、内戦、独裁政治、あるいはひょっとすると再び寡頭政治があるかもしれない。これまで常にそうだったので、はるか原初の共和国アテネへ先祖返りして、この先そうなる可能性があるのだ。

ヨーロッパのほかの地域でも、歴史が突然、循環しているように感じられる。ポーランドを揺るがせてきた分断は、ワイマール時代のドイツを分裂させた分断に似ている。ヨーロッパの急進右派が使う言語――「エリート」に反対する「革命」の要求、「浄化」暴力の夢と終末論的文化衝突――は、かつてヨーロッパの急進左派が使った言語に不気味にも似ている。不満、不平を抱く知識人――ルールが公正ではなく、間違った者たちが影響力をもっていると感じている人びと――の存在は、ヨーロッパ特有のものですらない。ベネズエラの作家、モイセス・ナイムは「法と正義」が権力を握って数カ月後、ワルシャワを訪れた。彼はポーランドの新指導者たちはどういう人なのかとわたしに尋ねた。どういうたぐいの人びとなのかと。わたしはいくつかの形容詞を挙げた――「怒っている」「恨み深い」「憤慨した」。「まるでチャベス支持者みたいに聞こえるね」と彼は言った。わたしは二〇二〇年の初め、ベネズエラを訪れ、この国が以前のマルクス・レーニン主義国家だけでなく、諸々の新たなナショナリスト政権と多くの点で似通っているという強い印象を受けた。一方に、経済の破綻と、もみ消され隠蔽される飢饉。他方に法の支配と報道機関・学術界・架空の「エリート」に対する攻撃。国営テレビはプロパガンダと見え透いたうそを繰り返し放送する。分極化はあまりに深いため、首都カラカスの地理そのものに見て取れた。その意味で、この都市はわたしに、過去の東ヨーロッパだけでなく現在の欧米世界のいくつかの国を思い出させたのである。

人びとが貴族政治を拒絶し、リーダーシップが生まれながらに相続されるとはもはや考えず、支配階級が神によって承認されているとはもはや思わなくなると、だれが統治の機会を手にするか――だれがエリートか――をめぐる議論は、終わることがない。ヨーロッパと北アメリカの一部の人びとは、さまざまな形の民主主義的、能力主義的、そして経済的な競争が、世襲ないし叙任された権力に代わるもっとも公正な選択肢だとの考え方に慣れていた。しかし、赤軍に占領されたり、ラテンアメリカのポピュリストに支配されたりしなかった国々でも、民主政治と自由市場は、とくに規制がゆがんでいたり規制当局者をだれも信用しなかったり、人びとが非常に異なったスタート地点から競争に入ったりするとき、不満な結果を生み出す可能性がある。こうした競争の敗者は常に、いずれは競争そのものの価値に異議を申し立てるようになる。

さらに重要なことに競争原理は、それが才能を後押しし、社会的上昇を生むときですら、国民的帰属意識や個人の自己意識に関するより深い問題には答えないのだ。競争原理は結束と調和に対する欲求を満たすことがない。とりわけ、特別なコミュニティー、特異なコミュニティー、優勢なコミュニティーに属したいという一部の人たちの欲求を満たすことがない。これはただポーランドやハンガリー、あるいはベネズエラだけの問題ではない。世界でもっとも古く、もっとも安定した民主主義体制の一部でも起き得ることなのである。

わたしははるか以前の一夜、ブリュッセルで夫に同伴して、初めてボリス・ジョンソンに会った。夫はオックスフォード大学時代からのジョンソンの友人だった――もっとも、ここでは、「友人」は多義的な用語なのだが。もっと正確に言えば、二人とも「ブリンドン・クラブ」の会員だった。これは『回想のブライズヘッド』〔イーヴリン・ウォーの小説で、一九八〇年代にテレビドラマ化された〕が再びブームになった一九八〇年代の時期に活発に活動したオックスフォード大学のユニークな組織で、当時はマーチャント〔プロデューサー〕とアイヴォリー〔監督〕が映画『熱砂の日』を制作し、ダイアナ皇太子妃がセント・ポール寺院で結婚式を挙げた時代である。ブリンドンの会員が必ずしも「友人」であったかどうか、わたしには分からない。彼らはライバル同士であり、飲み仲間だが、彼らの多くが辛いとき互いに泣きあったとは思わない。

もし二人の首相――ボリス・ジョンソンとデーヴィッド・キャメロン――と一人の蔵相がそこから出ていなければ、ブリンドンは、マーチャントとアイヴォリーの時代が終わり、英皇太子夫妻が離婚したあと、相応にだんだん忘れられていっただろう。半世紀前にイーヴリン・ウォーの『大転落』(一九二八年)であざけられて、一九八〇年代でもすでにパロディーになりつつあったのだ。この作品は『ボリンジャー・クラブ』の年次会合の有名な描写から始まる。

サー・アラステアの部屋から一段と高い悲鳴があがった。それを一度耳にした者は、思い出しただけで身がすくむだろう。イングランドの田舎の名家の人間が、ガラスを壊したときにあげるあの悲鳴だ。〔富山佳夫訳、岩波文庫〕

ジョンソンの同僚会員のなかには、リージェンシー・スタイルの服装――燕尾服と黄色のシルクのチョッキ、ブルーのボウタイ――と酩酊してシャンパンで盛り上がった会合、窓や家具を壊すという評判、それに古い貴族社会との関係を気取ったり、あるいはむしろ関係を装ったりするブリンドンに、今では非常に気まずい思いをしている人がいることを、わたしは事実として知っている。だが、それを広い意味での一種のジョークとして記憶している人びと――夫とジョンソンはこの部類に入ると思うのだが――もいる。わずかの例外を除いて、大方の会員は実際には貴族ではなかったし、もしそうだとしても、それほど上流の貴族というわけではなかった。ジョンソン自身はEU官僚の息子で、一時期はブリュッセルで育った。夫ラデックは、英国的ユーモア感覚に恵まれてはいるが、共産ポーランドを逃れた難民だった。二人とも古い形の英国階級制度とたわむれており、それが面白いから役回りの一部を演じていたのだ。彼らはウォーの意地悪なパロディーにもかかわらず、というより、パロディーがあったからこそ、クラブを楽しんでいたのである。

わたしたちがジョンソンとその夕食を共にしたとき、彼は英国保守党の御用達新聞『デイリー・テレグラフ』の記者としてブリュッセルにいた。この職業に就いて二、三年後、すでに名前が売れていた。得意なのは真偽半々の愉快なニュースで、それは一粒の（時にはそれ以下の）事実をめぐって作り上げられていて、EUをからかい、常にEUを狂気じみた規制の源泉として描いていた。彼の記事は「英国のピンク・ソーセージに脅威」〔焼きの足りないソーセージ。英国料理は加熱不足か加熱過剰という大陸側の通念を皮肉った狂牛病絡みの記事か〕といったタイトルがついていた。記事は、ブリュッセルの官僚が二階建てバスやエビカクテル味のポテトチップスを禁止しようとしているといった（うその）うわさを繰り返していた。内情を知る人には笑われただけだが、こうした話は一つの影響を与えた。他紙の編集者は自社のブリュッセル駐在記者に対し、同じようなニュースを見つけて書くようせかした。タブロイド紙は競って遅れまいとした。年を経るごとに、こうしたたぐいのニュースはEUに対する不信の醸成に一役買い、それが何年もののち、EU離脱（ブレグジット）への地ならしをするのである。ジョンソンはその影響を十分承知して、それを楽しんでいた。「言うなればこうした岩石を庭の塀越しにポイと投げて、お隣の英国の温室から響くこのすごい破壊音に耳を傾けるのです」。のちにBBC放送のきわめて真面目なインタビューで、彼はこう語った。「わたしがブリュッセルから書くすべての記事が保守党に、この愉快な爆発的な影響を与えていた――だからそれは本当に、この、思うに奇妙な権力意識をわたしに与えてくれたのです」と。

ロンドンの「すごい破壊音」で新聞も売れた。ジョンソンがあれほど長く、笑って黙認されていた理由の一端はこれである。だが、もっと深い理由もあった。こうした完全な正確さを欠くニュースは、『デイリー・テレグラフ』や『サンデー・テレグラフ』、それに姉妹誌『スペクテーター』の、懐旧(ノスタルジア)の念を抱く保守的な読者と編集者にアピールしたのだ。この三紙誌は当時、すべてカナダの実業家コンラッド・ブラックが所有していた。わたしはこの世界を知り抜いていた。別々の時期に、『デイリー・テレグラフ』と『サンデー・テレグラフ』にコラムを書いていたのだ。一九九二年〜九六年の間は、『スペクテーター』で働き、最終的には副編集長を務めた。優れた編集者で、今もわたしが出会った最高の編集者の一人であるドミニク・ローソンによって同誌が運営されていた時期である。当時、同誌はダウティーストリートに、何十年も改装されていないみすぼらしいオフィスがあった。だが、それでも、わたしたちのサマーパーティーや午後長く続くランチは俳優アレック・ギネス、クライヴ・ジェームズ〔オーストラリア出身の批評家・ジャーナリスト〕からオーベロン・ウォー（イーヴリンの息子）、デヴォンシャー侯爵夫人まで、信じがたいほど広範囲にわたる大物を引き寄せた。

あの時代、すべての会話、すべての編集会議の調子は茶目っ気があり、職業上のすべての会話は愉快だった。ジョークと皮肉が絶えなかった。きわめてストレートな記事の見出しでも、とても機知に富んでいた。ローソンは、ポーランドに関する疑いなく大真面目なつもりの記事に、わたしが一番よく覚えている見出しを思いついた。「危機のグダニスク(グダンスキング・オン・シン・アイス)」〔薄氷を踏むを意味するダンシング・オン・シン・アイスとかけた表現〕。これはまれな歴史的時期で、論争好きな移民反対の旧世代の保守党政治家、イーノック・パウエルが崇拝される権威者として臨時のゲストであると同時に、どことなく面白い人物でもあった時期だ。保守党系ジャーナリストと保守党議員らもいて、ディナーのテーブルを囲みながら、互いにだれが「イーノック」の物まねがうまいかをめぐって競い合うのだった。もしかすると今でもそうだろう。

『スペクテーター』の周囲に引き寄せられる人びとの輪が――「引き寄せられる」ほど何かに熱狂していたと言えたならだが――、実際に大英帝国の過去にノスタルジアを感じていたと言えば、はなはだ正確さを欠くだろう。一九九〇年代にはインドを取り戻したいとはだれも思わなかったし、今もそうだ。けれども、ほかのことに対するノスタルジアはあった。すなわち、英国がルールを決めた世界である。あるいは「ノスタルジア」という表現は正確ではないかもしれない。というのは、『スペクテーター』とその周辺にいるわたしの仲間たちは、自分が後ろを向いているとは思っていなかったのだから。指導者たちが難問に立ち向かい、決然と事に当たれば、彼らがそうするだけで、英国はまだ――通商であれ、経済であれ、外交であれ――ルールを決めることができる。そう彼らは考えていたのだ。

要するに、彼らがマーガレット・サッチャーを本当に気に入っていた点はそこにあったのだと、いまわたしは考えている。つまり、彼女なら世界へ飛び出し、物事を起こすだろうという事実に、である。サッチャーがヨーロッパ共同体（ＥＣ）でハンドバッグを振り回し、予算の割り戻しを要求したとき、また、フォークランド諸島を奪回するため任務部隊を派遣したとき、彼らはそれが気に入ったのである。彼女が達成したことの一部は、ただ象徴的なものであるか、または特段有益なものではないことがのちに分かった――フォークランド諸島は戦争が終わったあと、これまでだれも訪れたことも、ほとんど考えたこともない一片の領土だ――けれども、真に彼らの賞賛を勝ち得たのは、あの挑戦的な行為、単なる交渉者ではなく、決定者になろうというあの決意だったのだ。

当時、わたしの友人たちもヨーロッパじゅうに民主政治と自由貿易を広げることが正しいと信じている、とわたしは思っていたし、おそらく彼らはそう信じていただろう。サッチャーは間違いなくそうだった。共産主義との戦いは、言葉の上でも地政学的にも、彼女が勝利に貢献した本物の戦闘だった。ヨーロッパ単一市場――商品の生産と交換が大陸じゅうでシームレスになるよう諸規制を調整された広大なヨーロッパ通商地域――は、実はサッチャー流の考えであり、英国外交の成果によるところが大である。それはいまでも、かつて構想されたもっとも深く、もっとも徹底した自由貿易取決めであり、まさにこのために、ヨーロッパ政界の保護貿易主義の左派がつねに憎悪した理由なのだ。

ノスタルジアを抱くある種の保守派にとって、「民主政治」は、少なくとも国際的大義としては、英国が特権的役割を果たし続ける世界を維持することほど重要ではなくなったのではないか。最近になって、わたしはそう疑うようになった。英国がフランスやドイツのように、単に普通の中規模の国家ではない世界。英国が「特別」で、優勢でさえある世界。それが、ノスタルジアを抱く保守派の一部がつねに、英国が創出に尽力した単一市場に懐疑的である理由の一端だった。第二次世界大戦における真の戦勝国の資格があると彼らが考える唯一のヨーロッパの国、侵略されることも降伏することもなかった国、戦争当初から正しい陣営を選択した国である英国が、二一世紀に他のヨーロッパ諸国と協調してしか自らのルールを作ることができないという考えは、まったくもって受け入れ難かったのだ。ここでわたしはブリテン〔ブリテンは国としての英国（連合王国）、もしくはイングランド、スコットランド、ウェールズから成る英国本島を指す〕ではなく、イングランドのことを言っているのだ。一九九〇年代にはブリテンの人びとはまだベルファストでアイルランド共和軍

（ＩＲＡ）と戦っていて、保守党の友人たちはまだ自分を「ユニオニスト」〔統一主義者。北アイルランドを英国の統治下にとどめるべきだとする考えの人〕と呼んでいたけれども、イングランド・ナショナリズムはすでにスコットランド・ナショナリズムと並行して成長しており、後者は結局スコットランドの分権と、数年後にはスコットランド独立要求につながることになる。

いま振り返れば、わたしの友人たちが当時、単一市場について話したり書いたりしたことの多くは、ジョンソンの『デイリー・テレグラフ』のコラムと同様、空想的だった。ヨーロッパ連合（ＥＵ）のだれも英国にルールを押しつけてはいない。ヨーロッパの諸々の指令は交渉を通じて合意されたものであり、どれも英国の代表もしくは外交官が受け入れてきたのだ。連合王国は個々の議論すべてに勝ったわけではない——そんな国はない——けれども、英国が望まないことを強制する「ブリュッセル・マフィア」など存在しなかったのだ。これはめったに言及されることはなかったが、単一市場は、時として英国が議論に負けたときでも、多くの利点があった。それは、世界最強の経済圏にあって英国を最強のプレーヤーの一国にした。国際貿易問題で英国に不相応な発言力を付与した。そして、とくに英国の企業家を利した。単一市場の成功は結果的に、「東」の新たな民主主義諸国にとっての磁石であることが分かり、旧共産世界も統合ヨーロッパに引き込む一助になったのだ。しかし、こうした利点のどれも、他のヨーロッパ諸国とルールを交渉しなければならないという、むろん時には英国に譲歩を強いるギブ・アンド・テイクのプロセスへの苛立ちと困惑に勝ることはなかったのである。

逆説的なことだが、この同じグループの人びとが、たとえ下位パートナーとしてであっても、米国とはこの上なく喜んで協働するのだった。そのわけの一つは、米国が英語を使い、大ブリテンに歴史的ルーツをもっているためだ。米国がドイツやフランスと違って、真の超大国であり、その栄光の反射が逆に英国を照らし、英国の指導者たちを得意にさせることも理由の一つであった。「われわれはローマ人にとってのギリシャ人だ」と、かつての保守党の首相ハロルド・マクミランは、一九六〇年代に気取って言った。今日でも英国人は米国と英国のいわゆる「特殊な関係」について考え、書くことに多くの時間を費やしている――特殊な関係はロンドンで盛んに使われるが、ワシントンではめったに言及されない文句だ。保守党の重鎮たちはアメリカの政治に対しては軽蔑的、アメリカのポップカルチャーに対しては露骨に高慢になることもあった。また、アメリカの外交政策をひそかに疑ってもいた。おそらくグレアム・グリーンの小説『おとなしいアメリカ人』〔邦訳、早川書房〕が、ヴェトナムの情熱過多のアメリカ人理想主義者を、愛情を込めると同時に冷たく描いていて、この複雑で相反する感情をもっともよく表現している。それでもやはり、アメリカは大きなパートナー、グローバルなパートナー、特別なイングランド人にふさわしいパートナーだった。アメリカ人が民主政治の拡散に熱心なら、イングランド人は喜んで合流したのだ。

一九九〇年代初めにロンドンに着いたとき、おそらくわたしが当時流行りだったアメリカとの協力を体現していたため、ノスタルジアを抱く保守派の世界で名誉会員資格を認められた。わたしはそれ以前、ポーランドに数年住み、共産主義の崩壊とポスト共産主義の政治について書いていた。わたしはまた、役に立つ補佐役、真面目な外国人であり、つねにイングランド人の同僚にジョークをやめさせようとし、ロシアあるいは中国といった難しい外国について書こうとする人間だったのだ（「今週号ではシリアスな話題が必要だな、アンに書かせよう」）。わたしはおおむね英国‐EU関係の議論からは距離をおいていた。その議論ではほかの同僚たちの方がはるかに熱心だったからだ。ヨーロッパ議会の保守党議員について書くために、一度ブリュッセルに行ったことがあり、わたしは多くの議員が優れた立法家で、知識があり良心的なことを知った。だが、彼らが成功すればするほど——ヨーロッパの改革・改善と、その民主的諸機関を機能させることに効果を上げれば上げるほど——、党は彼らをいっそう疎んでいた。「保守党員を苦しめるなら」とわたしは結論した。「彼をヨーロッパ議会議員にすればいい」と。保守党員はその当時も、EUが成功し、有権者の意思を反映することを望む人びとと、はっきり離脱を望む人びとに分裂しつつあったのである。

ジョンソンは——わたしと同じく米国生まれで、アメリカ流の考え方に大いになじんでいたが——あのいささか眠気を誘う奇矯な世界でも活躍していた。実際、ある時は退屈なヨーロッパ首脳会議について面白い話の種を見つけたり、翌日にはテレビのクイズ番組で視聴者を楽しませたりする才があり、彼はその世界の真のスターの一人だった。だがある時、わたしたちは二人とも別の仕事を探しはじめた。わたしは一九九七年にポーランドへ戻り、歴史本を書きはじめた。ジョンソンは議会選挙に出た。のちにロンドン市長になったのだが、そこでも退屈してしまった。二〇一三年のあるインタビューで、市長の職は本当の物事が起きている下院からはるかに隔たっていると感じると語った。「わたしはとても孤立している、わたしはカーツ大佐みたいだ。わたしは川上へ行ってしまった」と述べ、そのあとインタビューアーに、そのことが『地獄の黙示録』の狂気の主人公と共通するというだけのことなのですが、とあわてて念押しした。この同じインタビューで、彼は以前使ったことのあるラグビーの比喩を繰り返した。例によってジョンソンは、自分は積極的に党の指導部を引き継ごうとはしていない——しかし、「ボールがスクラムのなかでどちらのチームにもキープされなくなったら」、それを拾うにやぶさかではないが——と語ったのである。

以来、多くの人がジョンソンの本当に全身全霊を傾けた法外なナルシシズムと、同様に目立つ怠惰について論評してきた。でっち上げに対する強い嗜好には前科がある。キャリアの初期には、鉤括弧でくる人の談話を捏造して『タイムズ』（ロンドン）を解雇され、二〇〇四年にはうそをついて影の内閣を解任されている。綿密に考え抜かれた無力な雰囲気は、一筋の残酷さを隠してもいる。ジョンソンは最初と二度目の結婚——二度目の結婚は四半世紀続いた——と数多くの女性の人生を、きわめて恥知らずな一連の周知の情事によって破綻させた。

だが、彼が異常なカリスマ性、人びとを引きつけホッとさせる天才的な素質と、群衆のムードに対する直観的理解力も併せもっていることを否定しても意味はない。わたしは一度、数年ぶりにロンドンの金融街シティーのあるところで彼に行き会ったことがある。彼は当時、市長だった。自転車に乗っていた。わたしが手を振ると、彼は止まって、これは奇遇だねと声を上げ、パブに入ってちょっと一杯やらないかと提案した。わたしたちがドアを開けると、みんながわたしたちの方へやってきて、一緒にスマホの自撮りを頼みはじめ、彼は「これはだめだ、こうなることを忘れていたよ」といったようなことをつぶやいた。彼は数枚撮らせた。それからわたしたちは座って、おしゃべりした。次いで、彼が立ち上がると、もう一度同じことが繰り返された。

ジョンソンとのほかの二回の出会いが、わたしの脳裏に残っている。これも彼の市長時代のことだ。二〇一四年に彼が古代アテネについて講演したのを聴いた。ぶっつけ本番の多くの発言とちがって、この講演は実にまとまりがあった。おそらく事前に原稿を書いていたためだろう。片手に赤ワインのグラスを持ち上げ、彼は少々詳しくアテネを賞賛し、「自由の文化、公開性、そして寛容、知的実験と民主政治」のことを語り、現代のロンドンになぞらえた。これと対照的に、スパルタのことも語り、ペリクレスが予言したように、苛烈で体制順応的で軍国主義的な社会は気品のある遺跡をまったく残さなかったと指摘した。彼は新たなスパルタ人を牽制し、新たな権威主義者たちが突きつける「民主的自由に対する、グローバルな広がりをもつ挑戦」について語った。聴衆は心底感動し、喝さいした。

ほぼ同じ時期、わたしはジョンソンのほか二、三人とディナーに出かけ、当時取り沙汰されていた英国のEU残留に関する国民投票の可能性の話になった。「EU離脱なんてだれも真剣に望んではいないよ」と彼は言った。「実業界は望んでいない。シティーは望んでいない。離脱はないよ」と。これが、彼が英国の偉大で現代的な多文化都市、外部世界との深いつながりのおかげで繁栄した都市のリベラルな市長だったときの話しぶりであった。

それなのに彼は、国民投票キャンペーンではブレグジットを選んだ。しかも、ジャーナリズムと私生活で長年見せてきたのと同じように、天真爛漫に、そして結果を考えることなく、ブレグジットを支持したのだ。彼はジョークを飛ばし、作り話を語り続けた。彼はブレグジットは負けると計算していた。首相のキャメロンに携帯メールを送った。「ブレグジットはこてんぱんに粉砕されるでしょう」と。だが、ブレグジットを支持すれば、自分の記事が大いに育て上げたEU懐疑派保守党員の間で、ヒーローになれると彼は考えたのだ。そして、おそらく彼の予想どおりではなかったものの、ある意味でその計算は合っていたのである。

事態が「正常に」推移していれば——ブレグジットのない世界では——、ボリス・ジョンソンが首相になることは決してなかっただろう。保守党は、つっけんどんな指導者が続いたあと、同党の「解毒」に懸命になっていた穏健中道派のキャメロンを選んだのだが、もし失言や解雇、セックススキャンダルの経歴を抱えたジョンソンのようなリスクの高い人物を選んでいれば、厄介なことになっていただろう。ジョンソンが党首になったのは、同党がほかに選択肢を知らなかったからだ。ラグビーがスクラムになり、だれかが実際にボールを落としていたのだ。

二〇一六年の国民投票のあと、自暴自棄が始まった。投票結果にわたしは驚かなかった。投票の数夜前、わたしはあるディナーパーティーに顔を出し、出席者全員が投票の予測を書いた。勝者にはワイン一ケースが約束されていた。わたしは五二対四八の比率で「離脱（リーヴ）」が勝つと予測した。そのとおりになった。そのパーティーのホストは「残留（リメイン）」キャンペーンに尽力していて、投票結果に打ちひしがれていたので、わたしはワインを受け取る気持ちはまったくなかった。だが、保守党は仰天した。保守党指導部——上院議員、党幹部、院内幹事、党本部、ブレグジットを望んだ人も望まなかった人も——は、ＥＵ離脱を考える用意さえまったくできていなかったのだ。ＥＵは一九七〇年代以降、英国の経済と外交、そして世界のなかでの英国の役割を形成し、形づくってきた組織なのだから。ジョンソンも同じだった。

二〇一九年にもなると、状況は一段と悪くなっていた。保守党はテリーザ・メイの破滅的指導の三年間に耐えてきていた。事態が正常に推移していればおそらく首相になることはなかったもう一人の人物である。彼女はたちまち許しがたい失策を次々と重ね、だれもが予想した最悪の事態を招いてしまった。ブレグジットが本当に招く結果を理解する前に、ＥＵ離脱の法的メカニズムである第50条〔離脱手続きを定めたリスボン条約〕の引き金を引いてしまったのだ——二年の時限時計のスイッチを入れる決定である。二〇一七年には不必要な解散総選挙に打って出て、議会過半数を失ってしまった。最悪なことに、ブレグジットをめぐる破壊的な討論の条件を定めてしまった。そもそもの当初、メイは、国民投票は接戦であったし、英国のヨーロッパとの商業的、政治的絆は非常に強く、英国にとっては「愚かな」ブレグジットではなく、「賢い」ブレグジットを実行する方が無難だと考えていてもよかった。すなわち、英国は自らの構想であった単一市場か、あるいは少なくとも関税同盟にはとどまることもできるのだ。

ところが、「強硬な」ブレグジットか「柔軟な」ブレグジットかという両極端の言い回しを使って、彼女は前者を選び、両機構とも離脱する道を選んでしまった。彼女の決断は、英国が世界で一段と大声で叫ぶことを望むすべての人びとに喝さいを浴びた。その決断はまた、多くの保守党員がベルファストへの関心を失っていたちょうどその時に、英領北アイルランドとアイルランド共和国の間の解決不可能な国境問題の引き金を引いてしまった。それまでアイルランド島の北も南もＥＵに入っていたため、実際には国境はもはや存在しなかった。アイルランド政府はＥＵの支持を受け、新たな国境を作ることを拒んだ——ところがこれは、英国全体がＥＵとのなんらかの形の関税同盟にとどまるか、さもなければ北アイルランドが英国の他の地域とは異なるルールに従わなければならないことを意味する。

この解決法のどちらも、それぞれ受け入れられない議員たちがいた。論争が何カ月も続いた。メイはだれとも協議せず、政党の垣根を越えて他政党に支援を求める努力もせず、政治手腕の片鱗を見せることもなく、自らの離脱交渉への議会承認の取りつけに三度にわたって失敗し、辞任してしまった。

保守党は支持を失いはじめ、二〇一九年五月のヨーロッパ議会選挙ではほとんどの議席を失った。孤立し、なお苦しむ四人の保守党議員だけが残った。同党は新しいリーダーを必要とした。党内のさまざまな派を一つに束ね、ブレグジットをやり遂げ、支持を取り戻せるリーダーである。話をでっち上げ、彼らを笑わせ、あの英国の優越感を取り戻せる人物も必要だった。彼らはあのおどけ者を呼びに行った。

ノスタルジアを抱く人間には二つの型がある。ロシア人の芸術家でエッセイストのスヴェトラーナ・ボイムは、格調高い著作『ノスタルジアの未来』にそう書いている。彼女が言う亡命者（エミグレ）や耽美主義者の「内省的」ノスタルジアにとらわれる人びとがいる。黄ばんだ手紙やセピア色の写真の収集家に訴えるノスタルジア、教会のミサには行かなくても古い教会が好きだという人びとの抱くノスタルジアである。内省的ノスタルジアを抱く人間は、過去が欠けていることを寂しがり、過去を夢見る。なかには過去を研究し、過去を、とくに自分個人の過去を悼む人がいる。だが、彼らは過去を取り戻したいとは思わない。おそらくこれは、古い家屋敷は朽ち果てていることを心の底では知っているためか、あるいはそれが見分けのつかないほど高級住宅地になってしまっているため——あるいは、いずれにせよ今ではそれをそんなに好まないため——である。かつて生活は甘美で簡素だったかもしれないが、同時に危険ないし退屈、あるいはひょっとすると、公正を欠いていたのだから。

内省的ノスタルジアを抱く人間と根本的に異なるのは、ボイムが言うところの復古的ノスタルジアを抱く人間だが、彼らは必ずしも自分がノスタルジアを抱く人間だとは認識していない。復古的ノスタルジアを抱く人間は、古い写真を眺めて家族の物語を紡ぐだけではない。彼らは神話作者、建築家、記念碑建造者、ナショナリスト的政治プロジェクトの創始者なのである。彼らはただ過去を思い、過去から学びたいだけではない。ボイムの表現によれば、「失われた家を再建し、忘却を繕う」ことを望んでいるのだ。彼らの多くは、過去に関する自分のフィクションをありのままに認識することがない。すなわち「彼らは、自らのプロジェクトには真実がかかっていると信じている」のだ。彼らは微妙に異なる過去、すなわち偉大な指導者たちが欠陥のある人間であった世界、有名な軍事的勝利が致死的な副次的影響を伴っていた世界には関心がない。過去には欠点があったかもしれないことを認めないのだ。彼らが欲するのは漫画版の歴史であり、さらに重要なことに、彼らはいま直ちに、そこに住みたがるのだ。彼らは過去が楽しいために過去の役割を演じたいのではない。皮肉ではなく、祖先はかくありしかと自らが考えるように行動したいのだ。

復古的ノスタルジアがしばしば、陰謀論およびMサイズのうそと密接に関連しているのは偶然ではない。こうした陰謀論とうそは、スモレンスクについての陰謀論とかソロスについての陰謀論ほど粗雑であったり、ばかげていたりするとは限らない。それは本格的なもう一つの世界像ではなく、スケープゴートを静かに呼び出すことができる。少なくとも一つの説明を提供できるのだ。すなわち、国家がもはや偉大でないのは、だれかがわれわれを攻撃し、われわれを害し、われわれの力を奪い取ってしまったから。だれかが——移民、外国人、エリート、あるいはEUが——歴史の流れを誤らせ、国家を過去のそれ自身の抜け殻にしてしまった。かつてわれわれがもっていた大切なアイデンティティーが取り去られ、安っぽくて人工的なものに取り換えられてしまった、というわけだ。結局、復古的ノスタルジアを背景に権力を求める者たちは、現実の根拠のあるなしにかかわらず、こうした陰謀論ないしもう一つの別の物語、あるいはもう一つの些細なうそを助長することになるのだ。

「復古的ノスタルジア」の概念はほかの情緒とも関連している。ドイツ系米国人の歴史家フリッツ・スターンも（本人も「移民」。彼のユダヤ系家族は一九三七年にブレスラウ〔現ポーランドのブロツワフ〕を離れてニューヨークへ向かった）、ある類似の現象について書いており、彼はそれを「文化的絶望」と別の呼び方をしている。一九六〇年代に上梓した第一作〔『文化的絶望の政治』〕で、彼は数人の小伝を書いた。すべて一九世紀のドイツ知識人で、全員が激しい社会的、政治的、経済的変化の時期に生き、「文化的絶望」に苦しんだ人びとである。その一人は、無名の芸術史家ユリウス・ラングベーンで、彼の著書『教師としてのレンブラント』は次のように始まっている。

現代のドイツ国民の精神生活が緩慢な衰退――人によっては急激な衰退との見方さえある――の状態にあることは、次第に公然の秘密になってきた。科学はいたるところで専門化のなかに消散してしまった。思想と文学の分野では新時代を画するような人間は見当たらない。……民主化し、平等化し、分裂するこの国の傾向はこうしたすべての……なかに紛れもなく表れている。

一八九〇年に出版された、ラングベーンが描くあのオランダ人画家の人物像は、伝記でも批評でもなかった。それはある意味で哲学的なパンフレット、論争の挑発だった。ラングベーンの見解によれば、レンブラントは一つの理想、「生活と芸術および人格の最高の形態」を表していた。失われたものを表してもいた。レンブラントとは対照的に、現代人とくに現代ドイツ人は「ピグミー」、過去とも大地ともまったくつながりをもたない人間だという。彼らは軽蔑的な意味での「民主主義者」、理想も夢も才能ももたない平凡な人間なのだった。

ラングベーンはまた、彼の時代を代表する知識人たちをあまり信用していなかった。彼は科学、技術、近代的なものを嫌った。芸術、自発性、そしてレンブラントが生きたと考えるような真の生活の方を選んだ。彼はユダヤ人、とくに非宗教的ユダヤ人を嫌った。彼らは現代の生活の根無し草性を象徴しており、「宗教も品位も家郷も」もっていない、と彼は書いた。彼の著書は今とは違った良き時代へのノスタルジアに満ちていた。人が消極的ではなく活動的だった時代、偉大な指導者たちが世界で名を成すことができた時代である。無秩序な書きぶりで、画家の実際の人生とはかすかに関連しているだけではあるが、『教師としてのレンブラント』は大ベストセラーになった。急速に工業化する一九世紀後半のドイツで、時代の琴線に触れ、第一次世界大戦の集団的暴力とその後の屈辱的敗北よりはるか以前に、復古的ノスタルジアの波に寄与したのだった。

一九九〇年代～二〇一〇年代のある時点で、思慮のある英国保守党員たち――ジャーナリスト、作家、一部の政治家――もまた、スターンがラングベーンのなかに確認した文化的絶望感に酷似したものにとらわれていた。これはブレグジットの国民投票よりはるか以前に生じはじめた。それはサッチャリズムの終わりにさかのぼる、とわたしは考えている。今から振り返れば、英国にとって、わたしたちが考えていたよりはるかに重要な転換点であった冷戦の終焉と一致する時期である。共産主義との争いは英国保守派に、米国の同盟者と協調して、大成功した道徳的十字軍に加わるチャンスを与えていた。ベルリンの壁が崩壊し共産体制が急速に破綻した一九八九年、彼らは自らの正しさが証明されたと考えた。冷戦の戦士は、それまでは評判がよくなかった。大学や報道界、政界の同僚を含め左派からはあざけられていた。だが、彼らは信義を守った。そして今、サッチャーが正しいという証明を手にしたのであった。自分たちは力を合わせて、共産主義に魅入られた連中と戦い、勝ったのだと。

しかし、その時期が過ぎてしまうと空白が生じた。ほかのあらゆる理念が突然、かつてほど重要でも魅力的でもなく見えだした。サッチャーの後継首相ジョン・メージャーは七年にわたって在任し、米大統領ジョージ・H・W・ブッシュ〔父ブッシュ〕と同様、冷戦後ヨーロッパの再統合に重要な役割を果たした。だが、メージャーは彼らが賞賛する独力で成功した人物で、英国の過去について感情的に、ノスタルジアを込めて語りもする人物であったけれども、ノスタルジアを抱く保守派は彼を嫌った。それはいささかの俗物根性であったとしてもおかしくなかった。メージャーは大学へ行っていなかった。だが、彼らがメージャーを恨んだのは、サッチャーと違って道徳的十字軍を先導しようとしなかったためでもあった。メージャーは斬新な経済改革プログラムを売り込むことも、革命的変革を呼びかけることもしなかった。サッチャー時代の混乱のあと、米国およびヨーロッパの同盟国と協力しながら、右寄りの中道から粛々と統治することで十分だと考えたのだ。国内では、一九九二年に再選される程度には人気があったが、彼の知的支持層でなければならない人びとの間では、それほど賞賛の気持ちを起こさせなかった。わたしはコンラッド・ブラック〔六八ページ参照〕がサヴォイ・ホテルで開いた選挙の夜のパーティーで、保守党系編集者や保守党の献金者たちの集団が冷ややかにカキを食し、シャンパンをすすり、驚きをつぶやくのを眺めた。

トニー・ブレアの首相選出は保守党内の内省的ノスタルジアを抱く人びとを一段と陰に追いやった。サッチャーの伝記作者チャールズ・ムーアが明らかにしたとおり、ブレアは多くの点でサッチャーのもっとも重要な弟子だった。彼は自由市場を受け入れ、米国との協調を採用し、労働党を中道へ位置づけ、一二年にわたって労働党に政権を維持させた。だが、体内にはノスタルジアのかけらももち合わせていなかった。イングランドの特殊性など眼中になかった。代わりに彼は現代性を売り込み、社会改革を採用し、英国とヨーロッパおよび世界との経済統合を促進し、スコットランドとウェールズの地方議会を創設することでロンドンから分権し、内政におけるイングランドの発言権を弱めた。彼は北アイルランドにおける積年の紛争を終わらせる一連の妥協をした。分けても彼の成功は、自分は「アイルランド人」と思っている北アイルランドの人びとが、EUのおかげでアイルランドのパスポートを持てるようになったことだった。この主権のあいまい化が、ついに平和をもたらしたのであった。

ノスタルジアを抱く保守派にとって、ブレアは災厄だった。一九八〇年代の勝ち誇った気分は、本物の怒りに変わった。サイモン・ヘッファーほど怒った人物はまずいなかった。優れた歴史家にしてコラムニスト、一九九〇年代初期には『スペクテーター』の副編集長——そのポストでのわたしの前任者——で、長らく寛容で信頼のおける同僚だった人だ。イングランドの文学や映画、音楽へのサイモンの愛は深く、真正なもので、彼はわたしが初めて見るクリケット試合に連れて行ってくれ、一九四〇年代と五〇年代に制作された一連の、おどけていて洗練されたイングランド映画であるイーリング喜劇〔イーリングは撮影所のあるロンドン西部の地名〕のことを教えてくれた。そのうち何本かは彼の自宅で鑑賞した。ちょうどアーニャ・ビエレツカがわたしの子どもの一人の名付け親であるように、わたしは彼の子どもの一人の名付け親になっている。一緒に働いた時期、彼はおおむねジョン・メージャーとEU、そして現代の英国の状況を批判し、精力的に働いていたが、まだ比較的快活ではあった。二〇〇〇年代の最初の一〇年の半ばにもなると、そのころわたしは英国を離れていて、彼には時たま会うだけだったが、労働党政権の数年が彼をかんかんに怒らせていた。例えば、どの保守党指導者でも再び労働党を破ることは想像し難かった時期である二〇〇六年に、彼は「誕生のうれしい偶然のおかげで、一九六〇年代が終わったとき、わたしはまだ九歳半だった」と書いた。

わたしがうれしいというのは、自分より一〇歳年長の人びと、あの暗い一〇年がそれによって知られているところのマリファナ、平和と愛、不快なヒッピーの放埒にいまだにとらわれている人びとに統治されている国を観察するとき、わたしは……逃れたことを神に感謝するのだ。……元学生政治運動家たちの「わが政府」は……依然としてその十代の偏見にまったく骨抜きにされており、その偏見に関してまったくうんざりさせるのだ。そして、こうした人びとが知恵を欠くがゆえに社会に与える害は、依然として巨大であり、あらゆる点で、彼らがこれまで非常に無頓着だったドラッグの災難と同じほど社会を蝕むのである。

問題はドラッグだけではなかった。彼は自分の周囲に衰退を、すなわち「野蛮な犯罪の波」とともに政治的公正（ポリティカル・コレクトネス）の高まりを見ていた。何よりも、とヘッファーはラングベーンの精神で書いた。「賞賛すべき価値の理念が公共生活から消えてしまった」と。彼はドイツの先人とちょうど同じように、現代がもはや偉大な指導者を生まない事実を嘆いた。チャーチルもサッチャーもいない、あるのはブレアが率いる労働党の「マリファナ、平和と愛、不快なヒッピーの放埓」だけだと。保守党がついに政権に復帰したときでも、彼が現代の指導部に対する信頼を新たにすることはなかった。キャメロンが党首に選出された直後、ヘッファーは、キャメロンは「政治キャリアのなかで原則をみじんも示したことがない」と書いた。次いで、この同じセンテンスをいくらか形を変えて、その後七年間、ブレグジットの国民投票運動の時期まで、多くの記事で繰り返した。彼は「離脱（リーヴ）」を支持し、投票の一カ月前、キャメロンを「うそつき」呼ばわりした。同じ記事のなかで、彼は英国のことを、無価値な諸機関をもった「バナナ共和国」〔果物輸出などに依存する弱小国を意味する蔑称〕だと罵倒した。

ヘッファーが特別に辛辣だったのかもしれないが、彼の基本的な不満はそれほど特別なものではなかった。同じ時期、偉大な保守系哲学者で、これも旧知であるロジャー・スクルートンは、『イングランド：一つの哀歌』と題する本を書いた。これは本当に人を感動させ、見事な書きっぷりで、ヘッファーのジャーナリズムより一段と深く終末論的だった。わたしは一九八〇年代末にスクルートンに会ったのだが、当時、彼は学生その他を使者に使って東ヨーロッパの反体制派に金を送る慈善事業を切り盛りしていた。わたしはその一人になったのである。共産主義批判者であることが流行りではなかった時期に、彼が共産主義の勇敢な批判者であったことをわたしは知っていた。だが、『イングランド：一つの哀歌』には別の主題があった。同書は、「わたしを形成し、いまや世界から消えつつあるところの文明に個人的敬意を表する」という記述から始まる。これは分析でも歴史でもなかった。それは「追悼演説」であり、「われわれが生活形式の衰退につれ、何を失いつつあるかを、哲学的観点から理解しようとする試み」であった。格調高く構成されたその後に続く章は、彼がいうところの死んだ、あるいは死に瀕したイングランド——イングランドの文化、イングランドの宗教、イングランドの法、イングランドの気質——に対する敬意を表している。これは典型的な内省的ノスタルジアであり、同書は文化的絶望感の並々ならない吐露をもって終わっている。

われわれの両親がそのために戦った古きイングランドは、高速道路の間に挟まれ孤立した局地になり下がってしまった。おおむねイングランドの姿と光景をつくっていた小規模で多様な生産を維持する家族農場は、いまや消滅の瀬戸際にある。町はその繁華街を失い、繁華街は板でふさがれ、荒らされている。都市は、夜には照明を浴びたコンクリートの廃棄物の間にむなしくそびえる巨大な鉄骨構造で、すっかり破壊されたも同然である。夜空はもはや見えず、どこもかしこも不快なオレンジ光に包まれており、イングランドは無人地帯に——投光照明された荒地の淵に立つ国際的ホテルに滞在して、束の間しか支店を訪れない重役たちが経営する「よその地」に——なりつつある。

田園地帯への愛、前近代の建築様式に対する終生の支持、それにコミュニティーと地元の諸機関に対する信頼があるのなら、スクルートンはＥＵを支持してもよさそうなものだった。ＥＵの政策ははっきりと、時には市場原理に逆らっても、ヨーロッパの産物と商標を保護し、ヨーロッパの建造物と農業を——そして、それによってヨーロッパの田園地帯を——保存することを目指しているのだから。彼はこうしたことにさらに力を入れるとか、もっと上手にやるよう、ＥＵに呼びかけてもおかしくはなかった。すなわち多くのヨーロッパ人のように、中国や米国、それにスクルートンが愛したヨーロッパの小さな町にはまるで無関心なグローバル企業や銀行にますます支配される世界に対する堡塁として、ＥＵを眺めるようになってても不思議ではなかったのだ。しかし、彼はヘッファーその他多くの人びとのように、逆の結論に達してしまった。

やがてＥＵは、ノスタルジアを抱く保守派にとって一種の強迫観念になった。ＥＵの政策や行動に対する正当な批判——無論、なされるべき批判は多くある——とはまったく別に、彼らの一部にとって、「ヨーロッパ」はうまくいかなかったほかのすべての物事の権化になってしまった。支配階層の無力ぶりと英国文化の凡庸さ、現代資本主義の醜悪さ、そして蔓延する国民的気概の欠如を説明するものになってしまった。諸規制について交渉する必要が英国議会を骨抜きにした、英国で働くポーランド人の鉛管工やスペイン人のデータアナリストは、共通の文化を共有する同胞ヨーロッパ人ではなく、国民のアイデンティティーを脅かす移民だ。時が経つにつれ、こうした見方が一段と深刻に感じられるようになった——それが非常に進んで、こうした見方は徐々に新たな亀裂を生み、人間関係を変え、考え方を変えてしまった。わたしの夫は二〇一二年に、ある会議でスピーチし、ＥＵにとどまるだけでなく、ＥＵを先導してほしいと英国に要請した。英国は、と彼は述べた。「英語を話す大国です。単一市場は英国のアイデアなのです。……あなた方は、その気になりさえすれば、ヨーロッパの防衛政策を先導できるのです」。このスピーチは『タイムズ』に掲載された。ヘッファーはそれについて、怒りのメモをわたしに寄せた。わたしものちに、怒りのメモを彼に書き、わたしたちは長らく互いに口をきかなかった。

このプリズムを通して世界を眺めるイングランドの人びとにとって――スコットランドでもウェールズでも北アイルランドでもなく、ほとんどがイングランドの人びとだ――「ヨーロッパ」との戦いは徐々に、過去からの明らかな反響をともなった雄々しい闘争の性格を帯びていった。大衆文化のなかではすでに、第二次世界大戦は現代史における中心的な出来事として位置づけられていて、ブレグジット運動はこの物語にぴったり当てはまった。チャーチルを扱った二本の映画と、ダンケルクを扱った一本の映画が、国民投票からブレグジットまでの小康状態のなかで封切られた。アンドルー・ロバーツのチャーチル伝が二〇一八年にベストセラーになった。その数年前にジョンソン自身のチャーチル伝が成功を収めていた。英国のEU離脱に全身で打ち込んだ保守党議員、ウィリアム・キャッシュは二〇一六年のインタビューで、英国のEU加盟を「宥和政策」になぞらえた。このインタビューで、彼は今日の「ドイツが支配するヨーロッパ」に住みたくない理由を説明し、ノルマンディーで戦死した父親の思い出に触れた。ヘッファーは国民投票前に書いた最後のコラムで、英国が二世代にわたって先導を助けてきたEUのことを、「[わが国の]裁判所と[わが国の]選挙で選ばれた政府の声を封じる外国勢力」と表現した。彼は離脱支持の運動家たちを「われわれが第二次大戦以降知らなかった国民意識の盛り上がり」の代表者だと表現した。ロンドン大空襲時の精神を呼び覚まし、「今こそわれわれの偉大さを示す時だ」と言い放った。

復古的ノスタルジアへのこの転向によって、ヘッファーは二〇一六年よりはるか以前に保守党を拒絶することになった。一九九〇年代のある時、彼は英国のEU離脱を追求する単一テーマの政治運動である英国独立党（UKIP）に投票するとわたしに話した。もっとも、実際に投票したのかどうか、もちろんわたしは知らない。当時UKIPのことは初耳だったので、驚いたことを覚えている。当時は非常に弱小組織だったのだ。UKIPは実際にはイングランド・ナショナリズムの政党として機能し、その真の関心は、英国の「独立」と同程度にイングランドの復興にあった。UKIPの創設者で党首のナイジェル・ファラージは、株式ブローカーの息子でシティーの裕福なトレーダー。パブでビールを飲む姿を写真に撮らせ、「エリート」に反対し一般市民を代弁しているのだと、偽善的に主張していた〔バークは英国保守主義の祖とされる一八世紀の政治思想家。アメリカ独立運動を支持する反面、過激なフランス革命を批判〕。スクルートンのようなエドマンド・バーク的な哀調を帯びたノスタルジアを共有してはいなかった。彼は英国を統治する人びとに対するヘッファーの怒りを取り上げ、それを政治的に利用したのだ。彼はいかなる意味でも知識人ではないが、ジュリアン・バンダがいう知識人のように、他者の理念を一つの政治プロジェクトに加工成型するような人物だった。保守党は最初、彼を非難した。次いで、UKIPの運勢が上向くと、彼の真似をしようとした。

この種のイングランドのナショナリズムには、時として人種差別的な底意があった。つまり、定義上、黒い肌の英国人はあり得ても、黒い肌の「イングランド人」はあり得ない。だが、これは実は、だれかの肌の色の問題ではなかった。「イングランドらしさ（イングリッシュネス）」という概念は、突き詰めればベルファストにいる英国のアイルランド人、グラスゴーにいる英国のスコットランド人、そして連合王国のゲール系の周縁部にいる他のすべての人を排除することにもなったのだ。イングランド・ナショナリズムの支持者は、ＥＵ離脱が連合王国を崩壊させるなら——彼らはその可能性を常に認識していた——それはそれでかまわないとまで考えるようになった。サッチャーのスピーチライターだったジョン・オサリヴァンもその代償を払う用意があった。「ああ、スコットランドは出ていくだろう」とオサリヴァンは数年前、わたしに語った。「それでもわれわれはやっていくだろうね」。

一部の向きにとっては、憲法上、政治上の混乱の可能性は単に遺憾な副作用というだけではなかった。それはブレグジットの魅力の一部になっていたのだ。ドミニク・カミングズはフード付きセーターにサングラスというういで立ちで、ツイードに身を包み、装飾穴付きの革靴とバブアーのジャケットという、ノスタルジアを抱く保守派とはまったく違った服装を好んで身に着けていた。わたしの知る限り、彼は過去へのいかなる憧憬も表明したことはない。だが、離脱運動の広報担当スポークスマンの一人、そしてジョンソンの主たるアドバイザーであり、社会学的に言って、ノスタルジアを抱く保守派と密接に関係していた。彼は『スペクテーター』誌編集者の夫で、準男爵の義理の息子であり、オックスフォードの人文学学位をもつ有名な判事の甥（おい）である。さらに重要なことに、保守派の感情の一部、とくにイングランドの重要な要素が死んでなくなったという信念を共有していた。ブレグジット運動の前段階とその後の数カ月、カミングズは情報技術と軍事の専門用語を使って苛立ちながら、ヘッファーとは非常に異なる言い回しながら、まさに同レベルの憤激を示しつつ、英国議会と英国の政治家たち、それに英国の公務員に冷笑を浴びせる一連のブログ記事を投稿した。彼は「わが国の諸機関のシステム機能不全と、グロテスクな無能者たちの影響」について書き、英国の政策立案を「盲人を導く盲人」〔マタイ伝福音書一五章一四節〕と表現した。

彼自身は自分を復古的ノスタルジア派とは絶対呼ばなかっただろうけれども、カミングズは復古的ノスタルジアを抱くほかの人びとと同じ視点でヨーロッパを眺めていた。ボリス・ジョンソンがカミングズを特別主任アドバイザーにする前、彼は二〇一九年に投稿したオンラインのエッセーで、英国を阻害しているとしてEUを酷評した。「国連やEUのような古い諸機関は──中央集権的官僚制度の運用成績に関する二〇世紀初期の想定に基づいており──、グローバルな調整を必要とする問題を解決する能力がない」と。彼の結論は、学校から官公庁、議会にいたるまで、すべてを作り直せということだった。

しかし、彼らの文化的絶望感が怒りであろうと哀惜であろうと、そのノスタルジアが復古的であろうと内省的であろうと──彼らがカミングズのように知識人であろうと、スクルートンのように政治から数歩距離を置いていようと──、ノスタルジアを抱く保守派がブレグジット運動の基礎を据えたのであり、それがブレグジットを支持する人びとには、どんなに労力がかかろうと、いかなる代償を払うことになろうと、国を救う最後のチャンスのように感じられたのである。ジョンソンと保守党の同僚マイケル・ゴーヴに率いられた「既成支配階層」の保守派による離脱支持運動も、同じくナイジェル・ファラージに率いられたUKIP自身の運動も、うそをついた。EUを離脱すれば国民健康保険制度（NHS）の資金が毎週三億五〇〇〇万ポンド──架空の数字──増える、とジョンソンは主張した。EUにとどまれば、加盟国としてトルコの受け入れを迫られると。これもまたうそだった。ファラージはシリア人の大集団がヨーロッパを目指して長距離を歩く様子を示すポスターの前面に登場した。しかし、彼らのだれ一人として、ヨーロッパの国境なき地域であるシェンゲン領域〔国境検問を廃止するシェンゲン協定に含まれる地域〕に入っていない英国を目的地にする理由はなかった。カミングズはのちに、あるインタビューで、この運動を「ソヴィエトのプロパガンダ」になぞらえた。だが、彼自身の運動も移民に対する恐怖を吹き込むことと、福祉支出に関するうその見通しに依拠し、実際、この二つを結びつけていた。なかでも、彼の運動は「トルコがEUに入ろうとしています。わが国の学校や病院はもう対処できないのです」と主張するビデオを作った。それは現実とは何の関係もないのに、五一万五〇〇〇回視聴されたのである。

かつて、さまざまな考えを政治プロジェクトに変えるにはパンフレットを書くことだった。ブレグジット運動はその発想の終焉と、新しい物事の始まりだった。「離脱賛成(ヴォート・リーヴ)」運動はフェイスブックでのターゲットを絞った広告に多額の金を使うために、選挙関連法をごまかし、破った。動物愛護者はスペインの闘牛士の写真を見せられた。お茶の好きな人はEUの旗の付いた茶摘みの手が英国の紅茶カップに手を伸ばす写真を見せられた。そこには「ヨーロッパ連合はわたしたちの一杯のお茶をつぶしたいのだ」という怒りのスローガンが付いていた。「離脱賛成」運動はその広告のターゲティングを支えるために、ケンブリッジ・アナリティカ社が盗んだデータを使った。ブレグジット運動家の全員が、ロシアの挑発的メッセージ送信から利益を受けた。もっとも、これらはほとんど、「離脱賛成」運動がどっちみちやっていたことの繰り返しだったが。この運動の雰囲気は英国近代史上のどの運動の雰囲気よりも醜悪だった。運動の絶頂期、女性下院議員のジョー・コックスが一人の男に殺害された。この男は、ブレグジットは解放を、「残留」はイングランドが褐色肌の外国人の集団に破壊されることを意味するようになっていたのであった。グダニスク市長パーヴェウ・アダモヴィッチの殺害犯とまったく同じで、彼は自分の周辺にあふれる怒りの言辞によって過激化していたのだ。当時もその後も、イングランドの偉大さの復興に夢中になった活動家たちは、離脱という目標に焦点を合わせ続けた。わたしは彼らの何人かを知っており——そのうえ、彼らが深くイングランドを思っていること、自分たちの文明が危機に瀕していると確信していることを知っており——、彼らの精神状態は、それに同意しないまでも、理解はできた。英国の政治システムは自己改革できないほど腐敗している、国は判別がつかないほど形が変わってしまった、国民（ネーション）の本質そのものが消滅しつつある、そう彼らは信じているのだ。だが、もしそれがすべて真実であるならば、徹底した革命、国家の本質そのものを——国境、伝統、ひょっとすると民主的諸機関さえ——変えてしまいかねない革命だけが、その腐敗を止めることができる。もしブレグジットがその革命であるならば、不正支出からデータ操作、司法への攻撃、ロシアの資金まで、ブレグジットにつながることは何でも容認できる。そうした極端な変革の見通しが、困難な事態に陥ったときでも、彼らを鼓舞し、動かし続けた。

何人かのブレグジット運動家の著述やスピーチでは、民主政治がブレグジットの主要な理由になっていた。さかのぼって二〇一〇年にヘッファーは、「ヨーロッパはおおむね反民主的であることによって、これまで進んできた」と書いた。ヨーロッパは「ソヴィエト化」してきた、英国は自国の民主政治のために離脱する必要がある、と。保守党議員マイケル・ゴーヴは二〇一六年、「わが国がEUに加盟しているのは、われわれの生活全体に影響する重大な決定をだれが下すかをわが国が選択するのを妨げているのです」と聴衆に語った。逆に、ブレグジットが勝利すれば、「大陸全体の民主的解放」につながると思う、と。どの時点でも、ブレグジット支持者たちが国民投票抜きで目的を達成しようとしたことはなかった。

だが、理論上いかに民主政治を支持していても、かなりの数のブレグジット支持者たち、とくにタブロイド紙で働くブレグジット支持者たちは、現にある英国の実際の民主的諸機関にむかついていた。二〇一六年一一月、英国の裁判官たちが、政府が公式にEUを離脱する前に議会の同意がなければならないとの判断を示したとき、離脱支持派の『デイリー・メール』紙は尋常ではない一面記事を掲載した。かつらと法服をまとった三人の裁判官の写真と、「国民の敵」の大見出しである。

その判決はブレグジットとは無関係だった。判決は逆に、議会の至上権を支持したものだった。にもかかわらず、三人の裁判官は――これには高等法院王座部長官と控訴院民事部長官が含まれていた――付随した記事で酷評されていた。かつては、これらの人びとはバーク流の保守派から尊敬される、いわば既成秩序側の人物だった。それがいまや部外者、よそ者、「真の」英国人をくじこうとする「現実の分かっていない」エリートなのだった。裁判官の一人は、「ゲイを隠さない元五輪フェンシング選手」と嘲笑的に書かれた。しかも、攻撃にさらされた威厳ある機関は、司法だけではなかった。別の『デイリー・メール』の一面記事は、「妨害工作者どもを粉砕せよ」の見出しで、議会上院を攻撃した。

EUとの交渉がもたつくにつれ、英国の諸機関に対するブレグジット派の蔑みは一段と激しくなった。当然ながら、四〇年間の諸条約から英国を離脱させるプロセスは、単純化した選挙スローガンの約束よりはるかに難しいことが分かった。ふたを開けてみれば、ノスタルジアを抱く保守派のほとんどだれも、ヨーロッパやヨーロッパ政治を本当に理解してはいず、次に起きることについての彼らの予測はことごとく間違っていた。ヘッファーは、ブレグジットは他のヨーロッパ諸国で同じような国民投票の雪崩現象につながるだろうと、コラムに書いていた。事実は、EUに対する支持の高まりにつながった。ある保守党上院議員は投票の直後、ドイツの有力製造業者と個人的に話したところ、どんな取決めでも英国には望ましいものになるだろうと請け合った、とわたしに語った。事実は、ドイツの有力製造業者は英国からの移転を口にしはじめたのだった。北アイルランドのことや、英国が単一市場を抜けるなら英国・アイルランド間の新たな関税国境を設ける必要があることは、国民投票運動の期間中、だれもまったく考えていなかった。交渉が始まるや否や、ただちにこうしたことが中心的問題として立ち現れた。

ヨーロッパからの英国の離脱に伴うコストを過小評価し、容易さを過大評価していたことに気づいたことで、一部のブレグジット派は沈黙に陥った。ある女性ジャーナリストは内々に、ブレグジットに関する考えを変えたとわたしに話した。もっとも、彼女が公に書く内容の論調は変わっていないことに、わたしは気づいたのだが。しかし、混乱状態の予感にはっきりと惹かれた人びともいた。「協定なき」ブレグジット、すなわち英国がヨーロッパとのすべての協定から強引に離脱し、無数の人びとにとって関税の自動的上昇と法的不安定を招くことになるブレグジットも、もはやできれば避けるべき遺憾な結果というわけではないのだった。彼らは混乱を望んでいた。衝撃を望んでいた。真の変化を望んでいた。今よりよかった過去へのノスタルジアを、より良き未来へ転換することができるかもしれない時が、ついに来たというわけだった。

この混乱への願望については、違うタイプもあった。経済活動が突然低下することは、国民精神にとってはいいことだと考えるようになった人びとがいた。そうなればだれもが気力を回復し、質素倹約に励み、懸命に働くだろう。「英国人は世界で最悪の怠け者の仲間だ」と離脱支持派の議員グループは、同胞について書いた。英国人には一つのショック、苦難の一時期、一つの挑戦が必要なのだと。こうすれば英国は――少なくともイングランドは――その真髄に立ち返り、国民の勇敢な気質を見せるだろう。そうなれば、怠惰で退廃的な現代の国家に、「あごひげを生やしたあのヴィクトリア時代人たちのダイナミズム」（ジョンソンの表現）を取り戻させるだろう、と。

政治的スペクトルの反対側では、異なる種類の破滅幻想が支配した。労働党党首ジェレミー・コルビンは、マルクス主義の伝統から歓迎した。マルクス主義は破局が急進的変革につながり得るとして、歴史的にこれを歓迎してきたのだ。彼らは決してそう公言はしなかったけれども、当時、労働党の副党首だったトム・ワトソンは、ジャーナリストのニック・コーエンに内々に話している。労働党指導部の一部は「ブレグジットが混乱をもたらすなら、有権者は急進左派の方を向くと固く信じている」と。英国の左派知識人の小グループもまた、少なくともブレグジットは国を揺さぶって資本主義経済システムから脱却させると期待しているようだった。左派の『ジャコバン』誌は、例えば、ブレグジットは「新自由主義とそれを支える諸機関との徹底的決別が可能なことを示す、千載一遇の好機」を提供すると論じる記事を掲載した。

深い危機が別の結果をもたらすことを期待する人びともいた。その混乱が「諸々の規制のゴミ焼却」、福祉制度の廃棄、ヘッジファンドと投資家にとっての新たな好機につながるという結果だ。英国はヨーロッパの租税回避地、ブレグジット党のヨーロッパ議会議員ロバート・ローランドがわたしに語った言い方では、「テムズ河岸のシンガポール」になれるというのだ。新興富裕者はハッピーで、ほかの全員は慣れればいいだけだ。すべてがよくなるだろうと。

これらは一部少数派の見解ではなく、非常識とは見られていなかった。こうした絵空事はすべて、その時々に首相や野党指導者、裕福な投資家ら既成支配層の人物たちから表明されていたのだ。もちろん、だれもその種の混乱に賛成票を投じたわけではなかった。国民投票運動の期間中、混乱が議論されることはなかった。議員の大半は混乱に反対だった。国民の大半は混乱に反対だった。だが徐々に、多くのブレグジット派にとって現実の目標になっていった。そして、英国の諸々の機関がその邪魔になるなら、その機関は罰されることになるというのだ。

そのころ、一部の英国保守派――保守党の有力メンバーや元サッチャー主義者、冷戦の元戦士たち――が、他国の非民主的政治組織に魅了されてもいたことを、わたしは偶然とは思わない。テリーザ・メイの政府は、英国が世界じゅうで民主政治を支持しなければならないという古くからの理念を、驚くべき速さで捨ててしまっていた。ジョンソンは、外相としての短い惨憺たる任期中、その方向での努力をまったくしなかった。二〇一六年以降、英国外交政策の唯一の関心はブレグジットであった。そこで保守党は例えば、影響力を行使して、ポーランドの「法と正義」党に対し、裁判所を自党に有利な人員で埋めないよう説得するのではなく――両党はヨーロッパ議会では同じ会派に属している――、さっさと「法と正義」の擁護に回ったのだ。

一部の人びとにとって、これは価値観の大転換を必要とした。例えば、英国保守党のヨーロッパ議会議員ダニエル・ハナンは過去に、共産主義のうそを雄弁に非難した。わたしと同じように、彼はスクルートンが東ヨーロッパの反体制派に資金を送る手伝いもした。だが、同じようなうそがヨーロッパ議会における「法と正義」の同僚議員の口から出ると、それを無視した。二〇二〇年一月、彼の任期最後の週にストラスブールの議会棟で、そのことについて質問すると、彼は「ポーランドの内政に干渉したくない」と答えるのだった。

英国のヨーロッパ議会議員の何人かは、さらに先を行った。二〇一八年、保守党とＵＫＩＰの議員たちは、司法の独立を違法に傷つけたとするＥＵによる譴責からハンガリーの首相オルバーンを守った。法の支配のために尽くしてきた国の政治家が、どうしてこんなことをするのだろうか？　ＵＫＩＰの元ヨーロッパ議会議員の表現によれば、彼らは「ブリュッセルの干渉に挑む民主国家の権利を主張」したいのだという。

ほぼ同じころ、わたしの以前の雇い主である『スペクテーター』誌は、ハンガリー与党フィデスの利益を忠実に増進する組織、サザヴェーク財団が後援する夕べの催しを開くことに心よく同意した。同財団はかつて、政府に批判的な記事を掲載してしまったとして、自前の雑誌を停刊したことがある。「この出版物の任務は政府の方針を支持することになるだろう」と編集長は言明した。『スペクテーター』とサザヴェーク財団による催しのテーマは、報道の自由ではなく、移民政策だった。ハンガリー自体は今現在もこれまでも集団移住の目的地ではないのに、ハンガリー指導部が西ヨーロッパの反移民の保守派へのアピールに用いるテーマである。この催しのあとハンガリー大使館で、だれに聞いても愉快な酒宴の夜が続いたようで、大使が英国の記者やキャスターを、全員同じ大義のために戦う「保守」仲間として歓待した。

わたしが『スペクテーター』の編集長フレーザー・ネルソンにこの催しのことを尋ねると、彼はハンガリーの権威主義政治にはいささかも共鳴していないと、熱心に否定した。彼はその提携関係（あるいは、おそらくスポンサー料）を否認することはなかったけれども、わたしに一本の記事を書かせてくれた。その記事は、一部のブレグジット派は「根元まで腐敗した政党——その指導者たちが仲間たちのためにEU基金を乗っ取る非常に多くの狡猾な方法を考案したために、決して自由意思ではEUを離れないであろう政党——のために、知的援護を与えている」と論じたものだ。これはロンドン駐在のハンガリー大使を激怒させ、彼はある出版パーティーで——彼はわたしの別の友人に招待されていた——わたしに詰め寄り、自分の仕事の遂行を難しくしてくれたと難詰した。この難詰はうそではなかった。

ハンガリーはまた、自国への怒りと失望のために別の国に代替物を積極的に求めるようになった一部の人びとを引っ張り込んだ。その一人がオサリヴァンだった——スコットランドの英国離脱にひどく無頓着だったあのオサリヴァンである。サッチャー夫人のスピーチライターの一人、彼女のゴーストライター、優れた名文家、そして一九八〇年代と九〇年代にはアメリカのもっとも重要な保守系雑誌の一つ、『ナショナル・レヴュー』の編集者だった人である。その立場で、わたしの夫を「移動特派員」として雇ったことがある。彼はわたしたちの結婚式に来てくれた。名にし負う食道楽との評判があり——共通の友人の一人は、彼のアパートを訪れ、冷蔵庫にはシャンパン一本のほか何もないことに気づいたのを憶えている――、すばらしい書き手であるとともに、話し上手だった。だが、本当に際立った経歴の終わり近くになって、当時七〇代だったオサリヴァンはブダペストに行き着いたのだ。

ブダペストではダニューブ研究所で働きはじめた。別の財団経由で、ハンガリー政府によって設立され、資金手当てされている組織だ。彼はこの研究所について、わたしに「文化は保守、経済は古典的リベラル、外交では汎大西洋主義」と説明した。だが、ダニューブ研は実際には、ハンガリー政府を対外的に体裁よく見せるために存在している。国内ではまったく影響力がない。ハンガリー人の友人たちは、ブダペストでの存在感は「取るに足りない」という。そもそもハンガリー人が同研究所の（明らかに貧弱な）英語出版物を読むことはなく、研究所の催し物は目立たず、ほとんど気づかれずに過ぎてしまう。だが、オサリヴァンはブダペストにオフィスとアパートをもっている。ヨーロッパでもっとも壮大で美しい都市の一つへ、多くの友人や関係者――すべて保守派の著述家や思想家――を招く資力がある。客たちがそこに行くと、オサリヴァンはかつてのように愉快で機知に富んだホストであるにちがいない。

オサリヴァンはハンガリー首相に関する小冊子への前書きを含め、これまで何度もオルバーンを擁護してきた。その擁護論はたいていのところ、こんな内容だ。「あなたがハンガリーについて聞いていることはすべて間違いだ。自由はたっぷりある。ほかのヨーロッパ人がハンガリーを批判するのは、汚職のためではなく、政府が念入りに外国嫌悪を作り上げているためでもなく、オルバーンの『キリスト教的』価値観が嫌いなのだ」。この最後の点は、クリストファー・コールドウェルのような米国の保守系著述家に強くアピールする。彼はオサリヴァンの招待を受けたあと、『クレアモント・レヴュー』誌に記事を書き、「中立的社会構造と公平な条件」――司法の独立と法の支配を指す婉曲表現――に対するオルバーンの攻撃を賞賛した。

コールドウェルはまた、オルバーンがそれに代えて創出したと考える神秘的な「有機的コミュニティー」を賞賛した。もっとも、閉ざされ、腐敗したオルバーンの一党国家――首相の友人や家族、親類縁者が富を手にし、党への忠誠度によって昇進・降格が決まり、その他の人はすべて蚊帳の外という世界――を「有機的コミュニティー」と呼ぶ外国人は、一人だけだろう。そして、ヨーロッパの近隣諸国がオルバーンの「キリスト教信仰」に苛立っているなどと考えることができるのは、ただ一人のイデオローグだけだろう。現実には、ヨーロッパ諸国は反ソロス、反ヨーロッパ・キャンペーンという作り上げられた外国嫌悪に苛立っているのだ。報道機関と選挙手続きに対するほぼ完全な支配権をハンガリー首相に与えた立法操作に苛立っているのだ。そして、仲間に金を回すためのオルバーンの汚職とEU資金の利用に苛立っているのである。二〇二〇年春、コロナ禍に対する政府の対応を批判するジャーナリストを逮捕する権限を含め、オルバーンが政府に独裁に近い権限を付与する口実にコロナウイルスを使ったとき、ヨーロッパ諸国は激怒した。その偽善も、ひどく腹立たしい。実は、多くの非ヨーロッパ人、非キリスト教徒――シリア人、マレーシア人、ヴェトナム人――がハンガリーに移住している。金を払いさえすればいいのだ。

オサリヴァンが最初ダニューブ研に着いた二〇一三年には、そこは彼のように優れた人が行き着くには不似合いな場所だった。だがその後、ハンガリー政府はどの野党ももはや勝ち目のない政治体制をつくり、国家監査委員会が野党から運動資金を取り上げた。国営持株会社がハンガリーの大方のメディアの支配権を握り、ハンガリー政府は中欧大学を国外に追い出した。オルバーン一家と仲間たちは国の諸々の契約で私腹を肥やし、与党は選挙運動で人種差別と公然たる反ユダヤ主義を使った（オルバーンは、「悪賢く」「国際的」で「金を投機する」という名指しされない「敵」と戦っていた）。オルバーンはスパイ行為と関連のあるロシア銀行を歓迎した。ウクライナでの米国の政策を妨害した。こうしたことすべてが起きたあと、ダニューブ研でのオサリヴァンの立ち位置は奇妙になり、訪問する友人たちに彼が売り込む方向性は、なおさら奇妙になった。そのころには、ハンガリー政府がダニューブ研に資金を出す唯一考えられる理由は、ハンガリー政府の真の性格が伝統的なアングロサクソン的意味での保守ではまったくなく、経済では古典的リベラルではなく、とくに汎大西洋主義でもないことをカモフラージュすることだったのだ。

オサリヴァンはよく動き回るため、連絡をつけるのに少々時間がかかった。二〇一九年の秋、電話越しになんとか話し合えたときには、彼はクルーズ船上にいて、それに時間がとても遅かった。不愉快な会話だったが、マリア・シュミットの時ほどではなかった。彼は自分で録音をしたいとは言わず、後で不正確な説明を公表することもなかった。だが、すべての質問に対し、ある種の「逆問いかけ論法（ホワットアバウティズム）」で答えた――これはかつてソ連当局者が使って有名になった修辞上のテクニックで、質問者の偽善を非難することで質問に答えるのだ。ハンガリーのメディア――九〇パーセントが政府ないし与党関連の企業に所有もしくは運営されている――についての問いに対し、彼は、米国の大方のメディアは民主党の方に「好意的」であり、したがって状況は似ていると答えた。ハンガリー政府とロシアの友好関係について聞くと、彼は、ドイツ政府は本当に米国あるいは北大西洋条約機構（NATO）にコミットしているだろうかと反問した。ハンガリー政府が資金を出している組織のために働くのは居心地がいいのかと聞くと、「ハンガリー政府がわたしの同意できない政策手段を用いていることは、まったくそのとおりだと思う」と答えた。しかし一方では、「わたしが気に入らない政府政策は、ほかの国々にもたくさんある」とも。ハンガリーの実業家が与党に脅されていることについて尋ねると、「彼らはもっと苦情を言うべきだ」と答えるのだった。

かつて一九八〇年代には、彼やオルバーン、そしてわたしがそろって同じ側にいたこと、それがいまやそうではないことは興味深いし、注目に値するということにオサリヴァンは同意した。だが、それは自分ではなく、わたしが変わったのだと彼は考えていた。わたしはいまや「民主的に選ばれた議会」に反対する「リベラルで批判的、官僚的、国際的なエリート」の一部なのだと。彼は、ハンガリーのような国家で、そもそもどうして「民主的に選ばれた議会」をもち得るのか、実際には説明しなかった。政府が処罰を受けることなく不正を働くことができ、実際に働いている国、野党が無作為に罰金を科されたり処罰されたりする国、司法の一部が政治偏向している国、メディアの大半が与党に操られている国である。彼の「エリート」という言葉の使い方も奇妙だった。つまり、ハンガリーの場合、唯一のエリートは――しかも圧倒的に権力をもち、反リベラルで、司法権を握った官僚的なエリートは――フィデスの内部で繁栄している新しいエリートなのだ。言葉の使い方は奇妙なほど軽率だった。以前ならオサリヴァンは自らを、大西洋をまたぐ国際的エリートの一員と誇って呼んでいたことだろう。ルパート・マードックとあちこちのパーティーに出席し、コンラッド・ブラックと高価なディナーに出かけたようなエリートだ。だが、彼のクルーズ船がどこにいるにせよ、時間は遅かった。彼はいらついていた。私もそうだった。

ボリス・ジョンソンが自分のことを、革命家は言うに及ばず、新しいエリートの一員と考えはじめたとは思わない。彼はなんといっても折り紙付きの旧エリートの一員だったのだから。そして、彼の補佐官やアドバイザーがどう考えるにせよ、ジョンソンが、国家を覆すとか英国あるいはイングランドを見直すとかに関心をもちはじめることはなかった。ただ勝とう、賞賛されようとしていただけなのだ。つまり、愉快な作り話をし続けて権力を得たかったのだ。だが、ブレグジットがつくった新たな政治世界では、勝つには前例のない手段を必要とした。憲法は極限まで脇に追いやらなければならない。疑念を抱くメンバーを保守党から一掃しなければならない。ルールを変更しなければならない。

二〇一九年の秋、ジョンソンはルールを変え始めた。

二〇一九年の秋、カミングズの助言に従って、議会を停会にするという尋常ではない決定をした――異例に、憲法に違反して、議会を一時停止するのである。ジョンソンはまた、「協定なき」ブレグジットを阻止しようとしているリベラル派保守党員グループを党から追放した。これも同様に前例のないことだった。そのなかには二人の元蔵相とチャーチルの孫がいた。元法務長官で最後の節操ある親ヨーロッパ派保守党員の一人、ドミニク・グリーヴを含む何人かは、のちに党によって盛んに中傷された。匿名の「ダウニング街筋」――おそらくカミングズ――が新聞に、グリーヴらは「外国との通謀」のために捜査を受けていると語った。国家反逆罪を示唆する言い回しだ。ジョンソンはこのばかげた作り話を否定することを拒み、代わりにニュース番組に対し、「問われるべき正当な問題がある」と言明した。その後の数日、グリーヴは殺害の脅しを受けた。ジョンソンはまた、「協定なき」ブレグジットに対する議会の反対を、敵に対する一種の「降伏」だと呼んだ。彼がジョークとして流布させようとした発言だった。だれも笑う者はいなかった。

逆に、彼の周辺の一部はおそろしく真剣だった。ブレグジット派は議会に激怒していた。議会多数派は、英国人の多数が反対する「協定なき」ブレグジットを止めるため、使えるあらゆる法的手段、あらゆる議会ルールでもって抵抗した。結局、彼らは多くの人がほんの数カ月前には受け入れがたいと呼んでいた妥協案に同意した。北アイルランドと英国のその他の部分の間に関税障壁をもうけることを認める妥協案である。「協定なし」のシナリオは阻止された。だが、ブレグジット派はどんなことがあっても再び阻止できないようにする決意だった。二〇一九年一二月の選挙運動に先立って書かれた保守党のマニフェストは報復をほのめかしており、それが、憲法のチェック・アンド・バランスを極めて有効に用いてきた人びとに対して加えられるよう期待する向きがあった。

ブレグジットのあと、われわれは憲法のより広い諸側面を検討することも必要だ。すなわち▽政府と議会および裁判所の関係▽王室特権の機能▽上院の役割▽そして、一般市民にとっての司法へのアクセス――である。

選挙後の数週、今後を予測させるいくつかの兆候があった。ポーランドの場合と同じように、おそらくＢＢＣ放送の財源を変更することによって、公共メディアを骨抜きにするといううわさがあった。ハンガリーの場合と同じように、裁判所の権限を奪うとか制限するという話があった。公務員のパージの話もあった。カミングズは、いまや必要になる「政策と意思決定構造における大変革」の実行を手助けしてくれる「不適応者や変人」を雇いたいと宣伝した。決定的な国民投票運動と二つの荒れた選挙を通して、ブレグジット支持に全力をそそいできた知識人とメディア担当アドバイザーたちは、革命と破壊をかき立てていた。長年、英国の政治にはなかったたぐいの言葉づかいだった。ジョンソンが安定多数を獲得したあと、彼らの一部はその言葉どおりに行動する立場に立った。

彼らはまた、突然、アメリカの政治家ディーン・アチソンが一九六二年に述べたジレンマに直面した。すなわち、「英国は帝国を喪失したが、まだ役割を見出していない」。その後の数十年に英国は一つの役割を――ヨーロッパのもっとも強力かつ有能な指導国の一つとしての、ヨーロッパとアメリカを結ぶもっとも重要な環としての、とくにヨーロッパのなかでの民主政治と法の支配の先導者としての役割を――見出してきていた。いま、パンデミックによって劇的に姿を変えた世界で、英国の指導者たちはゼロからスタートしつつある。世界のなかの英国の位置、世界におけるその役割、そしてその自己規定――英国人とは？　英国とはどのような国なのか？――さえも、再びどうなるか分からなくなっている。二〇二〇年の医学上と経済上の二重の危機によって――そして、ジョンソン自身のコロナウイルスへの危険な対応によって――つくり出された新たな風景のなかで、何か非常に異なった事態が立ち現れるかもしれない。

郵 便 は が き

おそれいりますが切手をおはりください。

101-0052

東京都千代田区神田小川町3-24

白 水 社 行

購読申込書

■ご注文の書籍はご指定の書店にお届けします。なお，直送をご希望の場合は冊数に関係なく送料300円をご負担願います。

書 名	本体価格	部 数

★価格は税抜きです

(ふりがな)

お 名 前 (Tel.)

ご 住 所 (〒)

ご指定書店名（必ずご記入ください） Tel.	取 次	(この欄は小社で記入いたします)

『権威主義の誘惑』について	(9836)

■その他小社出版物についてのご意見・ご感想もお書きください。

■あなたのコメントを広告やホームページ等で紹介してもよろしいですか？
1. はい（お名前は掲載しません。紹介させていただいた方には粗品を進呈します）　2. いいえ

ご住所	〒　　　電話（　　　）		
（ふりがな） お名前	（　　歳） 1. 男　2. 女		
ご職業または 学校名		お求めの 書店名	

■この本を何でお知りになりましたか？
1. 新聞広告（朝日・毎日・読売・日経・他〈　　　〉）
2. 雑誌広告（雑誌名　　　）
3. 書評（新聞または雑誌名　　　）　4.《白水社の本棚》を見て
5. 店頭で見て　6. 白水社のホームページを見て　7. その他（　　　）

■お買い求めの動機は？
1. 著者・翻訳者に関心があるので　2. タイトルに引かれて　3. 帯の文章を読んで
4. 広告を見て　5. 装丁が良かったので　6. その他（　　　）

■出版案内ご入用の方はご希望のものに印をおつけください。
1. 白水社ブックカタログ　2. 新書カタログ　3. 辞典・語学書カタログ
4. パブリッシャーズ・レビュー《白水社の本棚》（新刊案内／1・4・7・10 月刊）

※ご記入いただいた個人情報は、ご希望のあった目録などの送付、また今後の本作りの参考にさせていただく以外の目的で使用することはありません。なお書店を指定して書籍を注文された場合は、お名前・ご住所・お電話番号をご指定書店に連絡させていただきます。

第4章 虚偽の奔流

政治の変容――社会の雰囲気の変化、大衆感情の急激な転換、政党支持の崩壊――はこれまで長らく、あらゆる分野の研究者や知識人にとって強い関心テーマだった。諸々の革命に関する膨大な文献と、革命の予測を狙いとした諸々の公式の小ジャンルがある。こうした研究はおおむね不平等度とか生活水準といった計測可能な、定量化できる経済的基準に焦点を合わせている。多くの研究はどの程度の経済的苦境――飢餓の度合い、貧困の度合い――が反発を生んで、人びとが街頭へ繰り出し、危険を冒すように仕向けるかを予測しようとしているのだ。

ごく最近のことだが、この問題はいちだんと回答が難しくなってきている。欧米世界では大多数の人びとは飢えていない。食料と家がある。識字能力がある。彼らを「貧しい」とか「困窮している」と表現するとすれば、それはたいてい、エアコンやＷｉ‐Ｆｉといった人類が一世紀前には夢に見ることもできなかったモノを彼らが欠いているからだ。この新しい世界では、巨大なイデオロギー的変容はパンの不足ではなく、新しい種類の混乱によって引き起こされるということかもしれない。こうした新しい革命は、あの古い革命とはまるで似てさえいないかもしれない。ほとんどの政治的論争がオンラインかテレビで行われる世界では、政治的主義主張のために街頭に繰り出し、旗を振る必要はない。支持政党の急な変更を表現するためにしなければならないことといえば、毎朝チャンネルを変えたり、違うウェブサイトに切り替えたり、あるいはソーシャルメディア上で別のグループをフォローしはじめたりすることだけである。

権威主義の素質に関するカレン・ステンナーの研究で、多くの興味深い見方の一つは、二一世紀のこの様変わりした新しい世界で、政治革命がなぜ、どのようにして起きる可能性があるのかを示唆している点である。オーストラリアとポーランドを結ぶ画面のチラつくテレビ会議システムを使って、彼女はわたしに、彼女が突き止めた「権威主義的素質」は狭量さとまったく同じというわけではない、と注意を促してくれた。それは単純思考性向(シンプル・マインデッドネス)と表現したほうがいい。つまり、人びとがしばしば権威主義的考え方に引き寄せられるのは、複雑さが苦になるから。彼らは多様性を嫌う。画一性の方が好ましい。したがって、突然の多様性——意見の多様性、経験の多様性——の猛攻は彼らを憤らせる。彼らはより安全、安心と感じさせてくれる新しい政治言語に解決を求めるのだ。

現代世界にあっては、どのようなファクターが人びとを複雑性に対する反発に駆り立て得るのだろうか？　いくつかのファクターは明らかである。人口統計上の大きな変化——移民ないしよそ者の流入——は、伝統的に権威主義的衝動を燃え上がらせてきたし、今なおそうである複雑性の一つの類型だ。二〇一六年のシリア戦争の間、中東からヨーロッパへ向かった数十万人の移民が——一部はドイツのアンゲラ・メルケル首相の招きで到着したのだが——権威主義的言葉づかいとシンボルを用いる政党への支持を上昇させたのは、驚きではなかった。いくつかの国、とくに地中海岸をもつ国々では、この巨大な数字は実際に一連の深刻な問題を引き起こした。ボートで着く人びとの住居とケアはどうするのか。食料供給はどうするのか。その後、彼らをどうするのか。ヨーロッパのほかの国、とくにドイツでも、新たな移民の住宅、訓練、同化という現実の問題があった。米国と英国の一部地域では、新たな移民が、ある種の職をめぐる歓迎されざる競争を生んでいるという証拠がある。多くの国で、新参者と直接つながる犯罪ないしテロが深刻に急増した。

しかし、現実の移民と反移民政治運動との関係は必ずしも、それほど直接的ではない。一つには、宗教、文化の異なる地域からの移民であっても、それが必ずしも反発を生むわけではないのだ。一九九〇年代には、旧ユーゴスラヴィアの紛争を逃れてハンガリーに着いたイスラム系の難民〔多くはボスニアに住むスラブ系のイスラム教徒〕が、度を越えた悩みの種になることはなかった。ロシア・チェチェンからのイスラム系難民も、ポーランドで大きな反発を生むことはなかった。近年では米国が、とくにロシアやヴェトナム、ハイチ、キューバからの難民を大きな論争もなく吸収している。

移民に対する反発の原因は必ずしも、彼らが同化しないことに帰することもできない。例えば、ドイツで反ユダヤ主義が高まったのは、ユダヤ人たちがやってきたときではなく、まさに彼らが同化し、成功し、改宗さえしつつあるときであった。さらに重要なのは、今日では移民に対して激烈に怒りを感じるためには、ある国に現実の移民がいて現実の諸問題を起こしている必要さえなさそうなことである。ハンガリーでは、マリア・シュミットが認めたように外国人はほとんどいないのに、政権与党は外国人アレルギーをかき立てることに成功した。換言すれば、人びとが「移民」に対して怒っているというとき、彼らは必ずしも自分が肌身で体験、経験した事柄について語っているのではないということなのだ。想像上の物事、不安な物事について語っているのである。

　同じ論点は、不安と怒り、そして分断のもう一つの原因である不平等と賃金低下についてもいえる。政治的歴史と階級構造が異なり、経済サイクルが異なる国々が――ヨーロッパと米国だけでなく、インド、フィリピン、ブラジルも――、なぜ、二〇一五〜一八年に、類似の形の怒りの政治運動を同時に展開させたのか。これは経済学だけでは説明できはしない。「経済」あるいは「不平等」は、なぜ、まさにあの時期に、だれもが激怒したのかを説明してくれないのだ。フランスの哲学者ジャン＝フランソワ・ルヴェルは『全体主義の誘惑』〔邦訳、新潮社〕で書いている。「資本主義は危機のただなかにある。これは否定しようがない。一九七五年末の健康診断書はすでに黒枠に縁どられていた」と。四〇年前に行われたこの診断は、あたかも現在に通じるように聞こえる。にもかかわらず、資本主義の行き詰まりはどういうわけか、二〇一六年と一七年に感じられたのだ。

　移民や経済的苦境は現在の危機と関係がない、というつもりはない。これらが怒りと苦しみ、不安、そして分断の正真正銘の源であることは明らかだ。だが、政治的変容に対する完全な説明としては――政治行為者たちの新たな階層総体に対する説明としては――、それでは不十分なのだ。目下、世界じゅうで何か別の物事が進行している。非常に異なる経済と人口統計をもつ、非常に異なる諸々の民主政体に影響している物事が。

　ノスタルジアの復活、能力主義への失望、それに陰謀論のアピール力と並んで、その答えの一部は、現代の思想交流（ディスコース）そのものがもつ論争的でけんか腰の性格にあるのかもしれない。今日わたしたちが読み、考え、聞き、理解するその仕方に、である。閉鎖された社会では、ぶつかり合う声とさまざまな異論を伴う民主政治の到来は、公の異議表明に不慣れな人びとにとっては、ステンナーがいう「込み入っていて、ぞっとさせる」ものであり得ることを、わたしたちは以前から知っていた。かまびすしい議論、絶えざる不同意の雑音——これは、ただ一つの語り（ナラティヴ）によって結びつけられた社会に住む人びとを苛立たせかねないのだ。なぜ一七八九年〔フランス革命〕この方、多くの自由あるいは民主的な革命が、広範な支持を受ける独裁政治に行き着いてしまったのか。少なくとも人口の一部の間での、結束への強い嗜好はそれを説明する一助になる。アイザイア・バーリン〔ラトヴィア出身の英国の哲学者〕はかつて、人間というものは「過去ないし未来の、神の啓示ないし思索者個人の思考の、歴史ないし科学による審判の、そのどこかに……最終的解決がある」と信じる必要があると書いた。バーリンは、人間が良いとか好ましいとか考えるすべての物事が必ずしも両立しないことを見て取った。能力、自由、公正、平等、個々人の要求、グループの要求——これらはすべて、わたしたちを異なる方向へ押しやる。そしてこれが、多くの人には受け入れがたいのだとバーリンは書いた。「われわれの理想のいくつかの実現が、原則としてそのほかの理想の実現を不可能にする可能性にしかねないと認めることは、人間性を完全に実現するという考えが形式矛盾、抽象論的キメラであると述べることにほかならない」と。にもかかわらず、結束は一部の人びとがつねに追い求めるキメラなのだ。

欧米の開かれた社会で、わたしたちは対立する諸々の見解に寛容であることに自己満足してきた。だが、現代史のうちのかなりの期間、そうした諸々の見解の実際の領域は限られていた。一九四五年以降、もっとも重要な議論はたいてい中道右派と中道左派のあいだで展開されてきた。結果として、考えられる結論の領域は狭かった。とりわけ、コンセンサスによる傾向が強いスカンジナヴィアのような民主主義諸国はそうである。だが、もっと騒々しい民主主義諸国でも、争いの土俵は境界が比較的はっきりしていた。米国では冷戦の制約が外交政策をめぐって両党間合意を生んだ。多くのヨーロッパ諸国では、ヨーロッパ連合（ＥＵ）が当然の前提だった。なによりも、全国テレビ放送――英国放送協会（ＢＢＣ）、米国の三大ネットワーク――と、広範囲の広告収入に依存する広域新聞が存在したことで、大方の欧米諸国では、ほぼいつも、論争は同一テーマで全国的であった。意見は分かれても、少なくとも大方の人びとは合意された境界の内側で議論していたのである。

その世界が消滅してしまった。わたしたちは目下、人びとが政治情報を伝達、受容する方法の急激な変化を経験しつつある――まさに、過去に深刻な政治的帰結をもたらしてきたコミュニケーション革命である。あらゆるすばらしい物事が、一五世紀の印刷機の発明から流れ出ていた。すなわち大衆文学、信頼できる知識の普及、カトリック教会による情報独占の終焉がそれだ。しかし、そうした同じ物事が新たな分断、分極化と政治的変化を促しもした。この新しい技術は一般大衆が聖書を読むことを可能にした。プロテスタント宗教改革を――そして、今度は数十年後に流血の宗教戦争を――引き起こす一因となった変化である。怒り狂った当然の大混乱のなかで、殉教者は吊るされ、教会や村は略奪され、この混乱は啓蒙主義と宗教的寛容の受け入れによってようやく沈静化した。

宗教紛争の終焉は、世俗の諸々のイデオロギーや民族諸グループの間の、別種の紛争の始まりだった。紛争の一部はまた、コミュニケーションの性質が再び変わると、激しさを増した。すなわちラジオの発明と、活字言葉による独占の終わりである。ヒトラーとスターリンは、この新しいメディアがいかに強力になり得るかを理解した政治指導者だった。民主主義国の政府は当初、いまや国内の大衆に届くデマゴーグの言葉に対抗する方法を、懸命に見つけようとした。放送が国民を分断する可能性を見越して、英国政府は一九二二年にBBCを創設したが、BBCは当初からはっきりと、「情報、教育、娯楽」を提供するとともに、国民を同一の意見にではなく、民主的討論を可能にする同一テーマの全国的対話にまとめ上げるために、国内の隅々まで届くよう考案されていた。米国では別の対応法が見つかった。ジャーナリストが規制の枠組みと名誉棄損諸法、ラジオ・テレビの免許規則を受け入れたのだ。フランクリン・ローズヴェルト大統領は、この新しいメディア向きのコミュニケーションの形として、炉辺談話〔大統領が国民に直接語りかけたラジオ放送〕を始めた。

当代の新たなコミュニケーション革命は、わたしたちが一五世紀から、いやそれどころか二〇世紀から知っている何物に比べても、はるかに急速だ。印刷技術が発明されたあと、ヨーロッパの人びとが読み書き能力を身につけるのに何世紀もかかった。ラジオが発明されたあと、新聞が消えることはなかった。これと対照的に、インターネット企業への広告費の急激な移転は、一〇年のうちに、新聞と放送局の情報収集・提供能力を著しく傷つけた。すべてではないが、多くの新聞・放送がニュース報道をすっかりやめてしまった。すべてではないが、多くの新聞・放送がしまいには消えるだろう。一般大衆に向けた広告を基礎にしたもっとも一般的なビジネスモデルは、新聞・放送が一般大衆の利益に奉仕し、少なくとも理論的には客観性の誓約を維持せざるを得ないことを意味していた。新聞・テレビは偏向し、退屈でうんざりさせることもあったかもしれないけれども、とんでもない陰謀論は議論から排除されていた。新聞・テレビは裁判所と規制機関のチェックを受けていた。そこで働くジャーナリストは、公式あるいは非公式の倫理コードに従っていた。

何よりも、年月を経た新聞と放送局は同じテーマによる国民的対話の可能性を生み出していたのだ。多くの先進民主主義諸国では、いまや共通の語りどころか、共通の議論がない。人びとはこれまでつねに、異なる意見をもってきた。いまや彼らは異なる事実(ファクト)をもっているのだ。同時に、権威――政治であれ、文化であれ、道徳であれ――と信頼できる情報源を欠く情報領域では、陰謀論と真実の話を区別するのは容易ではない。デジタルの野火のなかで、うその、偏った、そしてしばしばわざと人を誤導する語りが、ファクトチェッカーが追いつかないほど素早く動く虚偽の奔流をまき散らしている。それに、たとえ追いついたとしても、それはもはや無意味なのだ。一部の大衆はファクトチェックのウェブサイトを読みも見もしないし、読んだとしても信用しないのである。ドミニク・カミングズの「離脱賛成」運動は、繰り返しうそをつき、うそで切り抜けることができることを証明してみせたのであった。

問題は単にうその話とか不正確な事実、あるいは選挙運動や報道担当アドバイザーの問題ではない。ソーシャルメディアのアルゴリズム自体が、誤った世界理解を促すのだ。人びとは自分が聞きたいニュースをクリックする。するとフェイスブックやユーチューブ、グーグルは、それが何であれ、一種のメロドラマであれ特殊な形の政治運動であれ、彼らがすでに気に入っているものをさらに見せるのだ。アルゴリズムは、それらを使う人びとを過激化させもする。完全に合法的な反移民のユーチューブのサイトをクリックすると、さらに二、三度クリックするだけで、これらのサイトはたちまち白人至上主義者のサイトへ、さらに暴力的な外国人憎悪のサイトへとユーザーを導く。アルゴリズムはユーザーをオンライン上に引き留めておくように設計されているため、情緒、とくに怒りと不安に有効に働きもする。さらに、サイトは中毒性があるため、人びとが予期しないような形で影響を与える。怒りが一つの習慣になる。不和が日常になる。ソーシャルメディアはまだ、すべてのアメリカ人にとって主たるニュース源ではないけれども、すでに政治家やジャーナリストがどう世界を解釈し、描くかを定める一助になっている。分極化は、オンライン上から現実に移ってきているのである。

その結果は、「平常の」政治と「既成支配層の」政治家、ばかにされた「専門家」、それに「主流の」組織――裁判所、警察、公務員など――に対する不信を増幅する極端な党派的偏見なのだが、それも驚きではない。分極化が高進するにつれ、国家の雇員はつねに、敵に「囚われた」者として描かれる。ポーランドの「法と正義」や英国のブレグジット派、そして米国のトランプ政権が、公務員と職業外交官に中傷を加えてきたのは偶然ではない。ほかの非常に多くの国でもいまや、判事や裁判所が批判と詮索、そして怒りの対象になっているのは偶然ではない。分極化した世界では、非党派的もしくは非政治的な組織はあり得ないので、中立性はあり得ないのである。

議論の媒体は議論の性格も変えた。ヘヤドライヤーの広告、ポップスター関連のニュース、証券市場関連の記事、友人からのメモ、そして極右のネット情報が、見かけ上は同じ重みと重要性をもって、ひっきりなしに携帯電話やコンピューターに飛び込んでくる。過去にはほとんどの政治的対話が議場や新聞コラム、テレビ・スタジオ、あるいはバーで行われたとすれば、それはいまやオンラインの仮想空間で行われ、そこでは読者と記者はお互いからも、扱う問題からも遠く隔たっていると感じ、だれもが匿名が可能で、だれも発言に責任をもつ必要がないのだ。レディット、ツイッター、それにフェイスブックは皮肉とパロディー、冷笑的なネット情報にとって完璧なメディアになった。人びとはそれを開き、スクリーンをサーフィンして楽しむのだ。アイスランド、イタリア、セルビアのようなまったく異なった国々で、あまりにも多くの「皮肉屋の」、「パロディー的な」、「悪ふざけ」の候補者がいきなり選挙で勝つのは、驚きではないのだ。彼らの一部は無害だ。一部はそうではない。政治的定見をもっているふりさえしない候補者に投票することによって、若者世代はいまや選挙を、民主政治に対する蔑視を示す好機と見なしているのである。

これは、わたしたちがアナログの過去へ戻ることができるとか、戻るべきだという意味ではない。旧メディア世界にはよくないことが多々あったし、新メディア世界にはよいことがたくさんある。すなわち、政治運動、オンラインの公開討論会、それに新しいメディアがなければ存在しないような新しい発想である。だが、こうした変化のすべて――公共圏の崩壊から中道基盤の消滅まで、偏狭な党派性の出現から権威ある中立的諸機関の影響の衰えまで――が、複雑さと不協和音の苦手な人びとを本当に悩ませているように見える。仮にわたしたちが急激な人口変化の時期にいなくても、仮に経済が混乱していなくても、仮に健康上の危機がなくても、中道右派と中道左派の分裂やいくつかの国における分離主義運動の勃興、怒りの言辞の増大、半世紀間片隅に追いやられてきた過激な人種差別主義の声の拡散は、多くの有権者に、整然とした新たな秩序を約束する人物に投票するよう促しているのが現状である。

その現れを示す例は数多くある。一九九〇年代の米国にあった議会の超党派協力が崩壊したこと。二〇〇五年にポーランド政界の中心に、陰謀論に凝り固まった「法と正義」が登場したこと。二〇一六年の英国のEU離脱国民投票。これらの分極化する運動はすべて、当該国で人口の一部を過激化させた。ステンナーが言うように、「諸々のメッセージが互いに対立すればするほど、こうした人びとは怒りをつのらせるのである」。ポーランドの小説家オルガ・トカルチュクは二〇一九年のノーベル文学賞授賞式でのスピーチで、同じ考えを表明している。「わたしたちはこれまで、世界の和音ではなく、耳障りな音、耐え難い雑音を聴いてきて、そのなかにいくらかの静かなメロディーを、もっともかすかなビートをも聞き分けようと絶望的に努めているのです」。

現代の民主的諸機関は、非常に違った情報技術の時代に向けて創設されたものであり、この不協和音に怒る人びとに快適さを与えない。投票、選挙運動、連立の結成——これはすべて、ほかの物事がこれほど速く生起する世界では、退歩しているように見えるのだ。携帯電話のボタンを押すだけで一足の靴を買うことができるが、スウェーデンで連立政府を組閣するには数カ月かかる。手首をさっと動かすだけで映画をダウンロードできるが、カナダの国会で一つの問題を討議するのに数年かかる。国際レベルになるとはるかにひどい。EUやNATOのような国際機関は、迅速な決定を下したり大きな変革を実行したりすることがきわめて難しい。人びとがテクノロジーのもたらす変化を恐れ、そしてまた、政治指導者たちにはそれに対処する能力がないのではないかと恐れるのは——もっともなことだが——驚きではないのである。

神経を苛立たせる現代政治の不協和音。ケーブルテレビと夜のニュースに対する怒り。ソーシャルメディアの速いペース。画面をスクロールすると、互いに矛盾する見出し。対照的に、官僚や裁判所ののろさ。これがすべて、国民のうちの結束と均質性を好むあの部分を不安にしてきたのだ。民主政治そのものがつねに騒々しく、耳障りなものだったのだが、民主政治のルールが守られるとき、最終的にはコンセンサスを生む。現在の論争はそうではない。コンセンサスを生むのではなく、他者を強制的に沈黙させようとする欲求を一部の人びとに呼び起こすのである。

この新たな情報世界はまた、新世代の知識人が単純な言葉と強力なシンボル、明確なアイデンティティーを求める人びとに手を伸ばすために使える新しい道具と戦術を提供する。今日では権威主義の素質をもつ人びとに訴えるために、街頭運動を組織する必要はない。オフィスビルでコンピューターの前に座って、運動を組織できるのだ。試しにメッセージを送って、反応を測ることができる。ターゲット広告方式のキャンペーンを始めることができる。テレグラムかワッツアップ上でファングループをつくることができる。現在にふさわしい過去のテーマをつまみ食いし、それを特定の視聴者向けに加工することができる。この膨大な国際的不快音の波が引き起こす不安と怒りに精確に訴えるよう工夫されたネット情報をでっち上げ、映像を制作し、スローガンを作り出すことができる。一部の人がそれにおびえることを重々承知のうえで、自分でその不協和音をたてはじめ、混乱を作り出すことさえできるのである。

バスクの田園地帯の夜明け。一人の男が歩いており、次いで、スローモーションで走る。男はフェンスによじ登る。ハリウッド映画のように、立てて並べられた麦束のてっぺんを手でなでながら、小麦畑を横切る。この間、音楽が流れ音声が語る。「もしあなたが、売国奴たちのなかで生きたくないために名誉をあざ笑わないなら……もし自分の古い出自を軽蔑することなく、あなたが新たな地平に目を向けるなら……もしあなたが腐敗の時代に、自らの正直さを汚さず保ち続けられるなら……」太陽が昇る。その男は急な坂道を上る。川を渡る。男は激しい雷雨に出遭う。「もしあなたがその壁を守る制服の者たちへの感謝と誇りを感じるなら……。もしあなたが両親を愛するように祖国を愛するなら……」。音楽が最高潮に達し、男は山上にいて、音声がこう結ぶ。「……それなら、あなたはスペインを再び偉大にするのだ！」。一つの標語がスクリーンに現れる。*Hacer España Grande Otra Vez.*

標語は「スペインを再び偉大に」と訳せる。この男はサンティアゴ・アバスカルで、これはＶｏｘの宣伝である。二〇一九年、Ｖｏｘはスペインでもっとも急成長している政党で、アバスカルはその党首だ。三年前の総選挙では、Ｖｏｘとその勇ましく、映画のようなスペイン・ナショナリズムは一議席も獲得しなかった。その直後、あるスペイン語のウェブサイトは「なぜだれもサンティアゴ・アバスカルに投票しないのか？」と問う記事を掲載した。

だが二〇一九年春、同党の支持はゼロから一〇パーセントに伸び、同党は国会に二四議席を獲得した。その秋の再度の選挙――一回目の選挙で与党が議会の過半数を失ったことを受けて実施された――で、その数字は二倍になった。わたしはその年、マドリードを数回訪れたが、同市にはブレグジット投票直前のロンドンか、トランプが選出される前のワシントンのような雰囲気がいくらかあった。わたしが会ったジャーナリストや研究者、出版人ら多くの人たちは将来に悲観的だった。それと対照的に、彼らの若干名にも会ったのだが、Ｖｏｘチームはエネルギーにあふれ、明確な方向感覚をもっていた。わたしは強い既視感にとらわれた。またも、ここで一つの政治階級が怒りの波に襲われようとしているのだった。

わたしが会った何人かのスペイン人もまた、種類は違うが、既視感に悩まされていた。彼らはVoxの言辞のなかに過去のこだまを聞いていたのだ。年配のスペイン人たちは今でも思い出すことができる。フランシスコ・フランコの独裁の特徴だった仰々しいナショナリズムを、集会での「アリーバ・エスパーニャ!」(「スペイン万歳!」)の叫びを、そして愛国心を強制された重苦しい雰囲気を。一九七五年の独裁者の死後のおおむね四〇年間、だれもそんな代物を取り戻したいとは思っていないように思われた。それどころか、一九七〇年代末のスペインは一九九〇年代にポーランドやハンガリーが経験したのと類似の転換を体験し、ヨーロッパ諸機関に加盟。憲法を改正し、国民和解を定着させた。スペインの民主化はそれなりに、戦後世界の真の品質証明だった。フランス、ドイツ、イタリア、その他諸国の民主化と統合は、フランコが死ぬころまでに大いに成功ぶりを示していたため、戦後まったく異なる道に乗り出していたスペイン人は、ついにそれらの国々への合流をやかましく求めたのだ。

その転換が完了すると、スペインの民主政治は大げさなほどコンセンサス重視になっていた。かつての一党独裁国家から二つの主要政党が立ち現れ、ともに合意を図ることで一致した。多くの旧フランコ派とその子どもたちは新たな中道右派、国民党へ流れた。多くの旧反フランコ派は新たな中道左派、社会労働党へと流れた。しかし両陣営とも、かつて彼らを分断した物事については語らないことを暗に、時には公然と、取り決めた。フランコは「戦没者の谷」として知られる慰霊施設のなかの凝った墓にとどまることを認められた。左派の反フランコ派は自陣営の古参戦士をたたえることを認められた。彼らを分断した内戦のことは議論されないままだった。過去は、見かけ上はフォークナーの有名な言葉〔「過去は決して死にはしない。それは過ぎ去ることさえない」（『尼僧への鎮魂歌』）〕に逆らって、過ぎ去っていた。

この一〇年間、そのコンセンサスが揺らいできた。二〇〇九年の経済危機に触発されて、新しい極左政党「ポデモス」が中道左派のまとまりに挑戦した。中道右派の汚職疑惑に触発されて、リベラル政党「シウダダノス」（「市民たち」の意）が、新たな中道政治勢力を組織しようとした。あるレイプ事件についての論議を呼ぶ司法判断をめぐって、数十万人の女性がかまびすしい大行進で街頭に繰り出し、多くの伝統的カトリック教徒を不安にさせた。中道左派政権はフランコの遺体を掘り出し、凝った廟から撤去して墓地に移し、ノスタルジアを抱くスペイン保守派を不安にさせた。

なかでも、カタルーニャ州の分離運動が憲法上のコンセンサスに、それも目に見えて劇的なやり方で、挑戦した。カタルーニャは豊かな州で、多くの住民は別の言語であるカタルーニャ語を話す。同州にはスペインの他地域との、数世紀来の長い統合と対立の歴史がある。フランコ独裁下では、カタルーニャ分離主義のわずかな兆候でも過酷な弾圧を受けた。これと対照的に、一九七八年の民主的憲法はスペインのすべての州にかなりの自治権を与え、地域のアイデンティティーが高まることを認めた——その高まりが高じて、二〇一七年、分離主義者がかろうじて優勢なカタルーニャ州政府は、独立の是非を問う住民投票の実施を決めた。スペインの憲法裁判所は、住民投票は違法であると宣言した。明らかな過半数のカタルーニャ人が、この住民投票——感情的になったイベントは警察の蛮行で台なしになった——をボイコットしたが、投票した人の大多数は独立を選択した。

その後に続く大混乱のなかで、スペイン上院は直接統治を押しつけ、新たなカタルーニャ州議会選挙を求めた。分離主義指導者の何人かは国外に亡命。ほかの十数人が逮捕、起訴され、最終的に長期刑を言い渡された。騒ぎが収まってみると、分離主義に反対する声高の執拗なナショナリズムを訴えた唯一の政党、Ｖｏｘが突然、国内政治のプレーヤーになっていた。Ｖｏｘは分離主義者に対する私人による訴訟を起こすことを認めた法律を利用した。同党はバルセロナで集会を開き、カタルーニャ政府を「犯罪組織」と呼び、これに対抗して投石しバリケードを燃やす黒覆面のアナキストによる示威行動を挑発した。何よりも、Ｖｏｘははるか以前の「アリーバ・エスパーニャ！」集会を支配した結束感を取り戻そうとした。そして、その指導者たちが使ったのはユーチューブやツイッター、インスタグラム、テレグラム、それにワッツアップだった。

二〇一八年春に始まって二〇一九年の選挙期間を通し、アバスカルは開催したすべての集会をツイッターに記録し、バーや会議ホール、あるいはしまいにはスタジアムのビデオクリップと写真を投稿した。どれも喝采し拍手する人びとですし詰めだ。彼ののちのツイートのいくつかには、*#España Viva*（活気あるスペイン）のハッシュタグと熱狂したコメントも付いていた。例えば「多数の共産主義者による殺害の脅しも、テレビによる侮辱も *#España Viva* を止められない」。また、もっとも人気のある集会のいくつかは「カニャス・ポル・エスパーニャ」（「スペインにビールを」）の標語の下で行われた。二〇一八年三月、マドリードのナイトクラブで行われたカニャス・ポル・エスパーニャの催しのチケット七〇〇枚は、四時間で売り切れ、すべて三〇歳以下の人びとが購入した。

こうした集会やそれを伝えるツイート、それに「偏向した」メディアによる「うその」世論調査に対する同党の絶え間ない攻撃には、一つの目的があった。それは、Ｖｏｘを支持するだれにも、自分が巨大で、エキサイティングで、伸びつつある――そして同質な――何かに帰属していると感じさせるよう考案されていた。アバスカルは「国民統合救済の愛国運動」について語り、大仰な言葉を使って、それがまたＶｏｘに対する支持を実際より大きく見せる助けになった。それがＶｏｘの戦略の軸だった。すなわち、ソーシャルメディアを使って、まだ存在していない運動の周囲に結束感を生み出すのだ。

同時にＶｏｘは、主要政党が向き合っていない現代生活の他の面に不満を抱く有権者層に手を伸ばす方法を見つけた。レコード会社がどのように新しいポップグループを編成するかを考えてみればいい。レコード会社は市場調査をし、ふさわしい面子を集め、それから、もっとも望ましいファン層に向けて宣伝することで、そのグループを売り込む。諸々の新政党はいまやそのようにして動いているのだ。あれやこれやの問題を束ね、それを包装し直し、ほかの国で効果証明済みの――まったく同種の市場調査に基づいた――、まったく同種の、標的を絞ったメッセージを使って、それを売り込むのだ。Ｖｏｘが使うネタは、食べ残された諸問題、他の政党が無視するか、過小評価している諸問題だ。それは例えば、カタルーニャとバスクの分離主義に対する反対、同性婚反対、フェミニズム反対、移民とくにイスラム系移民への反対、汚職に対する怒り、主要政党の政治に対する倦怠だ。それに加えて、一部の人は気にするがほかの人にはどうでもいいような、狩猟と銃器所有といったいくつかの問題。さらに加えて、リバタリアニズムの気味、冷笑の才能、それに復古的ノスタルジアのかすかな香り、である。

売りに出されているのはイデオロギーではなく、アイデンティティーだった。入念に収集されて手軽な消費のためにパッケージされ、ＳＮＳで素早く広がるキャンペーンによって「販促」されやすく仕立てられたアイデンティティーである。その標語はすべて結束、調和、そして伝統について語っていた。Ｖｏｘは初めから、不協和音が苦手な人びとにアピールするよう考案されていた。そうした人びとに、逆のものを提供していたのだ。

「スペインを再び偉大に」のビデオについて、ラファエル・バルダヒに尋ねると、彼はニヤリと笑った。「あれはわたしの発案だった。当時は一種のジョークだったがね」と。バルダヒはＶｏｘのほぼ当初からのメンバーだが、「極右」指導者のイメージには合わない。陽気で、眼鏡をかけ、彼の出身である中道右派の世界、既成支配層のほかのだれとも同じようにスーツとネクタイを着けている。バルダヒは、間違いなく成功した国民党最初の政治家である中道右派、ホセ・マリア・アスナール元首相の顧問で、初期のキャリアの多くを中道政治のど真ん中で過ごした。二〇〇三年の米国のイラク侵攻にスペインを合流させたことでよく知られている。周知の世論調査によれば、九一パーセントのスペイン国民がその戦争に反対だった。二〇〇四年の総選挙の数日前、イスラム戦士のグループがマドリードの駅で爆発物を破裂させると――二〇〇人近くが死亡、二〇〇〇人が負傷――、有権者は中東の政治を国内に持ち込んだとしてアスナールを責めた。思いがけなく社会労働党が圧勝して政権に就き、アスナールの、そしてバルダヒの、キャリアは終わった。

その時代とのかかわりのおかげで、バルダヒはスペインの主流の外にいると受け止められている。しばしば新保守主義者（ネオコンサヴァティヴ）とされるが、その語はスペインの文脈では意味がない。それはアメリカ流と響くだけだ。彼はまた、あるあだ名――ダース・ベイダー――をもっているが、これを大変面白がって、ツイッターのプロフィールにダース・ベイダーの写真を載せているほどだ。マドリードで、わたしが彼に会ったことを人びとに話すと、みんな驚いて眉を上げた。

だが、こうした「主流の内」「主流の外」といった定義は、時とともに変わる。はからずもわたしは、彼がスペイン政府の重要人物であるばかりか、当時は堅牢で永続し強力と思われた国際的同盟関係における重要人物だった時期に、彼に会ったことがあった。二〇〇三年ごろのある時、わたしたちはワシントンで夕食を共にした。バルダヒはアメリカン・エンタープライズ研究所を訪問していた。当時、わたしの夫が、今ではその名称が古風に思えるあるプログラムを進めていた保守系の研究所だ。そのプログラムは「新大西洋構想」で、NATOの拡大を受け、大西洋同盟を刷新し、「汎大西洋主義の」欧米人を集めて大西洋をまたぐ目標とプロジェクトを討議しようとしていた。新大西洋構想のある催しで、ジョン・マケイン上院議員がスピーチをした。ヨーロッパにおけるアメリカの役割に関心のある民主党議員もやってきた。著名な英国保守党議員や熱心なチェコ人たち、臨時のポルトガル国防相といった米国を重視するヨーロッパ人も同様だ。ジョン・オサリヴァンは汎大西洋主義の世界では著名人だった。当時、バルダヒ――人当たりがよく、イスラエルに強い親近感を抱く親米のスペイン人――のような人は、うってつけだった。

あの時期、大西洋同盟関係はもちろん、冷戦時代とまったく同じ統一目標をもっているわけではなかった。クウェート〔湾岸戦争〕とボスニア〔ボスニア民族紛争〕では協力があったけれども、少なくとも二〇〇一年九月一一日までは、単一の共通の敵がいなかった。世界貿易センターへのテロ攻撃は欧米の国々に活を入れはしたが、入れ方は一様ではなかった。例えば、フランスとドイツはアフガニスタンの戦争には参加したが、イラク戦争には参加しなかった。にもかかわらず、スペインのアスナール、英国首相トニー・ブレア、デンマーク首相アンデルス・フォー・ラスムセン、ポーランド大統領アレクサンデル・クワシニエフスキ、その他を含め、真の有志連合があった。手短に言えば、それは一つの結束したグループのように見えた。ブレアと同様、アスナールはそれによって永遠に際立っている。わたしは二〇一九年にマドリードのオフィスで彼に会い、ブレアおよびジョージ・ブッシュと並んで中東で撮った数葉の写真が、本棚にひときわ目立って展示されているのがいやでも目に入った。あたかもあの時期の写真が、彼の長い経歴のなかで最も重要な瞬間をしるしているかのようだった。

その写真が場違いなようにも見えるのは、汎大西洋主義――以前であればオサリヴァンやアスナールのような人びとを、強力な国際的グループに緊密に結びつけ、アメリカならびにヨーロッパの保守派仲間に共感するはっきりした道筋を彼らに与えたはずの信条――が、スペインでもほかのどの国でも、もはや重要な影響力をもっていないためである。アスナールのような人びとはすでに、別世界に属しているように見えるのだ。バルダヒも長年そうだった。一五年の長きにわたって、彼は脇役の位置に座り、スペイン政府が次々に誕生しては去るのを眺めていた。それらの政府は彼の好みからすればすべて、左寄りすぎるか、柔弱すぎる右派だった。ジョン・メージャーの中道がサッチャー後の歳月に英国保守派の一部を飽きさせたとすれば、二〇一〇年代の中道右派国民党の指導者たちは、もっとも忠実な党員の一部を激怒させてしまったのだ。二〇一一年に政権に復帰すると、国民党は、彼らの期待どおりには国家の肥大化に歯止めをかけなかった。同党は、男を不当に罰していると彼らが感じている家庭内暴力に関する法律を破棄しなかった。フランコ時代に対する公然と批判的な態度を押し戻さなかった。国会のVoｘ議員の一人イヴァン・エスピノーサは、わたしたちがコーヒーを飲んでいるテーブルに二個の塩入れ容器をどんと置き、自分や友人たちがスペイン政治をどう感じはじめたかを説明してくれた。「ほら」と、エスピノーサは二個の塩入れを一緒に置いて言った。「これが一九八〇年代と九〇年代のスペイン政治だった」。そして「ここに」――と、数インチ離れたところに一本のフォークを置いた――今日のスペインがある。「極端な左へ引っ張られてしまった。中道と右派は押し返さない。反撃しない。彼らはなんの理念ももっていないんだ」。

彼らの見方では、最悪なのは、中道右派も中道左派もバスクとカタルーニャ分離主義の言いなりになりすぎたことだ。アバスカルも――彼自身、バスクのテログループETA〔バスク祖国と自由〕に脅されたバスク人政治家の息子だ――エスピノーサやバルダヒ、そして彼らの仲間もみんな苛立った。だが、彼らは政治の埒外にいて影響力はなく、物事が起きている部屋の外にいた。そうした歳月の間、バルダヒはコンサルタント業務を始めた。イスラエルと米国でいくらかの仕事をした。スペインのもっとも有名な外交シンクタンクで働いた。その後、Voｘが――そしてトランプが――、復帰の道を提供してくれたのだった。

彼だけではなかった。トランプの選挙の言葉と戦術は突然、アメリカだけでなく世界じゅうで、政治の周縁部にいた多くの人びとに新しい何かを提示しているかのように見えた。バルダヒ自身はオルタナ右翼のブロガーでも、いかがわしい政治チャットルームの住人でもないのだが、米国のオルタナ右翼の手法がスペインでいかに役立つかを悟った。その手法は、過半数をつかまえることはできないとしても、少数ながら無視できない数を獲得できるかもしれないと。

その手法を使えば、左へ傾斜して自分のような人びとを置き去りにしてしまった（と彼が考える）スペインの「既成支配層」を苦しめもするだろう。「『スペインを再び偉大に』は」と、彼はわたしに陽気に言った。「一種の挑発だった……。左派をもう少し怒らせてやろうと思っただけなんだ」。「既成支配層」を怒らせることで得られる楽しみ――ブライトバート・ニュースまたはブレグジット派の心情――は、マドリードでも米国の場合と同じなのだ。バルダヒはスティーヴン・バノンの知己であり、彼とは共通の友人がいる。彼らは一緒に写真におさまっている。だが、バルダヒはそのことが生んだ憶測を一笑に付す。スペインのジャーナリストたちは、と彼は言う。「バノンを買いかぶりすぎだよ」。

ヨーロッパ、NATO、そして民主政治に対する侮蔑を伴ったトランプの政治は、一九九〇年代であればバルダヒを不快にさせただろう。だが――ノスタルジアを抱く英国の一部の保守派のように――バルダヒは二〇一六年にもなると、少なくともスローガンそして統合理念としては、「自由民主主義」にうんざりしていた。自分はスペイン人として、ロシアに対し東ヨーロッパの防衛に備えつつあるNATOと多くを共有しているとは思わない。そう彼はわたしに話した。しかし、彼は、少なくとも初めは急進イスラムに対する戦いを戦う用意があるように見えたホワイトハウスと協力するという考えが、本当に気に入っていた。スペインでは一〇年間、中枢を外れていたけれども、トランプ新政権とは多くのつながりと利害の重なりがあることに気づいた――社会労働党の首相がもっていないきずなだ。バルダヒはトランプ政権の中東外交交渉特別代表、ジェイソン・グリーンブラットを知っていた。バルダヒはイスラエルのネタニヤフ政権と長い間のきずながあり、同政権はまたホワイトハウスに近い。彼はＶｏｘに協力してくれるネタニヤフの選挙アドバイザーを得た。米国大統領選挙のあと、彼はトランプの安全保障担当首席補佐官マイケル・フリン、そしてフリンの後任Ｈ・Ｒ・マックマスターと接触していた。トランプの最初のＮＡＴＯ訪問と、二〇一七年にトランプがワルシャワで行った演説——よく知られているように、キリスト教世界を防衛する必要性を際立たせた演説——について話し合うため、ワシントンに行ったことがあった。「文明の大志、欧米がいかに自らを守らなければならないか、われわれはその点では完全に波長が合った」とバルダヒは言う。

実際のスペインのイスラム教徒の割合は低いものの——スペインへの移民のほとんどはラテンアメリカからだ——、キリスト教文明はイスラムの敵に対して自己を見直さなければならないとする考えは、スペインでは特別な歴史的反響音がある〔イスラム勢力からのイベリア半島奪回を目指したレコンキスタ〕。Ｖｏｘはこの反響音を利用したのだ。アバスカルはビデオの一つで、馬にまたがり、かつてアラブ人からアンダルシアを奪回するために戦った騎士のように、南スペインの風景を駆けた。非常に多くのネット情報のように、そのビデオは真面目ながら、不真面目でもある。バックグラウンドミュージックは映画『ロード・オブ・ザ・リング』の主題曲なのだ。

Ｖｏｘとトランプ政権のこうした関係が示しているのは、共謀ではなく、共通の利害と共通の戦術だ。その関係はまた、トランプの成功がスペインで新種の言語を使いたいグループをどれほど刺激し、力を与えたかを見せつけている——カタルーニャの議論に怒りを感じる人びと、現代の言説がスペイン人を分極化してしまったことが気に入らない人びと、そして、社会と文化の改革プロジェクトが行き過ぎてしまったと考えている人びとに訴えるよう考案された言語を、である。スペインの場合、これは国の理念が完全消滅の危機にあると懸念するグループでもある。スペイン政治の分極化は永久的であり、自分のような人びとにとって、危機にあるのは自らの政治キャリアだけでなく、国家そのものだとバルダヒは考えている。もし自分や志を同じくする友人たちがこの戦いに加わらないなら、自分たちの仲間と自分たちが支持するすべての物事が、政治から消去されかねないのだと。ここに、Ｖｏｘ支持者の不安と怒りの真の根源がある。これはバルダヒがわたしに語ったもっとも重要な点だった。「われわれは、政治が違ったものになりつつある時期、政治が別の手段による戦争である時期に入りつつある――われわれは殺されたいとは思わない、生き残らなければならない……。政治はいまや、食うか食われるかだとわたしは思う」。

Ｖｏｘはスペインの分極化に意気阻喪した人びとに訴えるべく周到に練られた、フランコ後初のスペインの政治運動だ。カタルーニャの急進化はさらにＶｏｘの支持を増すだろう。フェミニストの抗議運動、とげとげしい経済論争、古い歴史論争の復活もそうかもしれない。スペイン政府における、公然と急進的、極左的政党であるポデモスの存在もそうである。Ｖｏｘはこのことが分かっている人びとによって創設された事業だ。同党の成功がその創始者たちとスポークスマンたち、ネット情報作成者たち、それにPR会社に、政治生活における新たな活力を――同時に、ヨーロッパとさらにその先にいる類似の考えをもつ資金提供者、ファン、ネット荒らし屋の拡大するネットワークへのアクセスを――与えることも、彼らは分かっているのだ。

ごく最近まで、ヨーロッパの「極右」のナショナリスト諸党、あるいは地域民族主義諸党はめったに協力し合うことがなかった。協力してEUをつくった中道右派キリスト教民主諸党とちがって、ナショナリスト諸党は独自の特殊な歴史にルーツがある。現代のフランス極右は遠くヴィシー政権時代に起源がある。イタリアのナショナリスト右翼は長らく、ベニート・ムッソリーニの実の孫娘はいうまでもなく、彼の知的末裔たちを売りにしてきた。「法と正義」はスモレンスクの航空機事故と独自の歴史的強迫観念とにつながっている。結果として、他党との友好の試みはしばしば古い論争が原因で失敗した。例えば、イタリアとオーストリアの極右の関係は以前、両者がオーストリア領だったこともあるイタリア北部のドイツ語州、南チロルの民族アイデンティティーをめぐって、楽しげに議論を始めると、破綻してしまった。北イタリアの分離運動として始まったイタリアの北部同盟とVoxの関係は、北部同盟〔現在は「同盟」〕の指導者マッテオ・サルヴィーニがカタルーニャ分離主義者を支持すると、難しくなった。

さらに最近になって、それが変わりはじめた。長年、国境と歴史によって分断されてきたあと、こうした新しい運動を支える知識人やイデオローグの一部が、それを軸に団結できる一連の諸問題――国境を越えて通用し、オンラインでたやすく売り込める諸問題――を見つけたのだ。その一つは移民、とくに現実および架空のイスラム系移民に対する反対だ。社会的に保守的で宗教的な世界観の促進が、もう一つの問題。時には、EUあるいは一般的に国際的諸機関への反対が三つ目だ。これらの問題は相互関係がない――これまで多くの人がそうだったように、親EUでカトリックであることができない理由はまったくない――が、それでも、これらの問題があると信じる人びとは提携してきているのだ。同性婚、アフリカ人のタクシー運転手、あるいは「ヨーロッパ官僚」に対する反感は、それぞれの分離主義運動をめぐっては意見が一致しないスペイン人とイタリア人でも、共有できるのである。歴史と古い国境論争を棚上げして、彼らは自分たちが住む世俗の、民族的に混合した社会に反対する合同キャンペーンを実行し、同時に、こうした問題に関する耳障りな論争の打ち止めを望む人びとにアピールすることができるのである。

この新しく、あまり理解されていない国境を越えるキャンペーンがどのように作用しているのかを解明しようとしたチームの一つに、マドリードに本拠を置くデータ解析会社「アルト・データ・アナリティクス」がある。アルト社はツイッターやフェイスブック、インスタグラム、ユーチューブその他で見つかったデータの解析に、人工知能を応用することを専門にしている。スペインの選挙シーズンの直前、わたしはマドリードで数時間過ごした。うち何時間かは夜遅くにレストランで（スペインではほかにどこがあるだろう?）、アルトで働いている友人と一緒だった。彼は本書では匿名を希望し、政治の話にはかかわりたがらなかった。彼はわたしに、スペインのオンラインでのメッセージのやり取りを示す、一組の美しいカラーのネットワーク地図を見せ、真ん中の大きな曲線を示した。それは多くの人が相互につながった「主流の」やり取りだった。彼は真ん中から離れたところにある三つの分極化したやり取りも見せた。これらは別個のエコー・チェンバー〔似た考えの者が集まる空間で共鳴し合い、その考えを増幅してしまう現象〕で、そのメンバーはたいてい、お互いに話し、聞いていた。三つのうちの一つは、カタルーニャ分離主義者のメッセージのやり取りで、もう一つは極左のやり取り。さらに三つめはＶｏｘのやり取りだ。

これは驚くまでもなかった。これら三つのグループは長きにわたり、別個のアイデンティティーを形成してきていた。友人がこれら三つの集団のなかに最大多数の、彼がいう「異常な高活性ユーザー」――ウェブ・ボット〔ネット上で自動的にタスクを実行するプログラム〕か、非常に頻繁に、おそらく職業的にメッセージをアップする実在の人間――を発見したことも、驚きではなかった。Ｖｏｘの集団が半分以上を占めていた。二〇一九年春、オンライン上の極端論を追跡する英国の「戦略対話のための研究所」（ＩＳＤ）は、前年にツイッター上でＶｏｘ支持、反イスラムの四五〇万件近いメッセージを吐き出していた約三〇〇〇の「異常な高活性ユーザー」のネットワークを暴き出した。

そのネットワークの起源は不明だった。もともとはベネズエラのマドゥロ政権を攻撃するために開設されていた。二〇一七年にバルセロナで起きたテロ攻撃のあと、標的を変え、代わって移民に対する恐怖をあおる作り話に注力し、徐々にその情動強度を高めていた。ネットワークのなかで宣伝された材料のいくつかは、もともと諸々の過激なネットワークが由来で、それはすべてＶｏｘによって発出されるメッセージと足並みをそろえていた。例えば、スペインの投票日一週間前の四月二二日、そのネットワークはメンバーたちが「フランスにおけるイスラム地区」の暴動と呼ぶ画像をツイートしていた。実は、そのクリップはアルジェリアで最近起きた反政府暴動の一シーンを見せていたのであった。

アルトもＩＳＤももう一つ、奇妙なことに気づいた。Ｖｏｘの支持者、とくに異常な高活性ユーザーとされるグループはたいてい、ほとんどが二〇一九年の選挙の少なくとも一年前に立ち上げられた一連の陰謀論ウェブサイトのコンテンツとネタを投稿し、ツイートしていた。これらのサイトは、時には一人の人間によって運営されていて、地元の健全なニュースサイトのように見えるが、「普通の」情報ときわめて偏向した記事・見出しを交ぜ合わせ、それらは諸々のソーシャルメディアのネットワークへ、組織的に注入されていた。アルトのチームはイタリアとブラジルで、両国の二〇一八年の選挙の数カ月前に、まったく同じようなウェブサイトを見つけた。いずれのケースでも、ウェブサイトは投票に先立つ一年の間に偏向したネタ――イタリアでは移民関連、ブラジルでは汚職とフェミニズム関連――を流しはじめていた。両国とも、ウェブサイトは実際にそれが主流の政策の一部になってもいないうちに、偏向した論題をあおり、増幅させる働きをしていた。それらのウェブサイトは必ずしもそのでっち上げ話を作るように工夫されてはいなかった。一部のサイトはそれをやるのだが、本当の目標はもっと洗練されているのだ。それらのサイトは何度も繰り返して、間違った解説を創作し、題材を反復・力説し、ニュースをつまみ食いして特定の細部を強調し、怒りと腹立ち、不安を生み出すよう工夫されているのだ。

スペインの場合、そうしたサイトが数個あり、一部はかなり専門家的、一部ははっきり初歩的なものだった。定型書式でできているものもあった。例えば、正体不明のサイトの一つは、ブラジルのボルソナーロ支持のサイトとまったく同じスタイルとレイアウトだった。まるで同じ人物か、おそらく同じPR専門家――現代の最新情報通の、最先端の知識人――から成るチームによって考案されたかのようだ。スペインの選挙前日、そのサイトのトップ記事はおなじみの陰謀論だった。ジョージ・ソロスが選挙不正の組織化を支援しようとしているというものだ。ソロスはVoxが議論の一つにするまでは、スペインでは有名人ではなかった。Voxのウェブサイトで、ソロスに関する標準的な陰謀論のいくつかを見つけることができた。当然ながら、彼はヨーロッパにイスラム教徒を植民する計画を進めているとされていた。

この手のサイトはほかの多くの国でも見つかる。米国の大統領選挙運動に影響を及ぼそうとしたマケドニア語の複数の悪質なサイトは、非常に類似した原理にそって作動していた。Qアノンのネットワークに属する陰謀論サイトもそうだ。二〇一六年の米国の選挙運動期間にロシア軍情報機関によって開設されたフェイスブックのページ、同じく正体がはっきりしているロシア国営メディアのサイト「スプートニク」と「RT」もそうだった。このキャンペーン戦術の新版は、いまや米国内でも本格的に展開されつつある。二〇一九年にはミシガン州のある記者が、地元のニュースサイトを装った複数のウェブサイトのネットワークがあることを暴いた。すべてのサイトが同時に開設されており、どれも『ランシング・サン』『アン・アーバー・タイムズ』『デトロイト・シティ・ワイア』などと耳慣れた響きの名称をもつ「普通の」新聞のように見えた。どれも同種の偏向した作り話――例えば、ミシガン住民はなぜトランプ支持か――を、最安値のガソリンはどこで買えるかという記事と織り交ぜていた。それらはきわめて情緒的、陰謀論的な偏向したエコー・チェンバーに注入されるよう、意図的に仕組まれていた。

近年、類似のサイトが国境を越え、違った諸言語で連携しはじめている。二〇一八年一二月、国連は世界の指導者たちを集め、地味で拘束力のない協定――「安全で秩序ある規則正しい移民のためのグローバル協定」――を定める目立たないサミットで、グローバルな移民問題を討議した。この協定は主流メディアからはあまり注目されなかったにもかかわらず、アルトは五万人近いツイッターのユーザーがそれについて陰謀論をツイートしているのを発見した。数百人はフランス語、ドイツ語、イタリア語、それに少数ながらスペイン語、ポーランド語の間で切り替えながら、多言語でツイートしていた。Ｖｏｘを宣伝するスペインのネットワークとそっくりに、これらのユーザーは過激な陰謀論のサイトから材料を取り、同じ画像を使用し、国境を越えて互いにつながり、リツイートし合っていたのである。

二〇一九年にパリで起きたノートルダム寺院の火災のあと、同様の国際的ネットワークが最高潮に達した。ＩＳＤは、イスラム教徒が火災を「祝賀している」のを見たと称する人びとや、故意の放火があったことを証明しているとするうわさ話と写真を投稿する人びとからの、数千件の投稿メッセージを追跡した。CasoAisladoと呼ばれるサイトは、ほぼ間髪を入れずに一つの投稿メッセージをアップし、「数百人のイスラム教徒」がパリでお祭り騒ぎしていると称して、まるでアラブ人の苗字をもった人びとがフェイスブック上で、火災の光景の下に笑顔の顔文字を投稿しているかのように見える画像を使った。数時間後、アバスカルは同じ画像を使って、これら「数百人のイスラム教徒」に対する嫌悪感をツイートした。彼はアメリカのオルタナ右翼の陰謀論家、ポール・ワトソンの投稿にそれをリンクした——ワトソンはワトソンで同じ画像をダミアン・リューという名のフランスの極右活動家に提供した。「イスラム教徒は、＃ノートルダムの火災を祝うことで、ヨーロッパと西洋文明を破壊したがっている」とアバスカルは書いた。「手遅れにならないうちに気づこう」と。

こうしたたぐいのネット情報や画像は、次いで、Ｖｏｘのワッツアップとテレグラムの愛好者グループの間に波紋のように広がった。こうしたグループは、ノートルダム寺院のある「マクロン以前」のパリと、その場所にモスクのある「マクロン以後」のパリを示す英語のネット情報を分け合った。彼らはまた、近くの車で見つかったガス爆弾と逮捕を指しているように見える新たなビデオを分け合ったが、それは別の事件で撮影されたものだった。それはアメリカのオルタナ右翼とヨーロッパの極右、それにVｏｘがそろって、同時に、多言語で同じ事柄を伝え、ヨーロッパと北米、さらにその先で同じ感情を生み出そうとしていることを示す絶好の見本だった。

この半ば隠れたオンライン世界は、ゆっくりと現実の世界の顔を獲得しつつある。目を見張るばかりに豪華な――ステンドグラスの天井とまばゆいクリスタルのシャンデリア、赤いビロード張りの椅子――イタリアの某ホテルの舞踏場で、二〇二〇年の冬、わたしはこうした新しい諸々の運動が手を結ぼうとするのを眺めていた。この行事は、表向きは元米大統領故ロナルド・レーガンと元ローマ教皇故ヨハネ・パウロ二世の名を借りて開かれた会議で、ジョン・オサリヴァンらによって組織され、ハンガリー政府が資金を拠出している彼の研究所がスポンサーに入っていた。その催しには鏡の国のアリスのような雰囲気があって、欧米政治文明の壮大かつ野心的で寛容な理念――民主主義のヨーロッパと民主主義の米国が経済的、政治的、文化的に一体になるような理念――を共有した二人の人物の名を連想させたのに、その場にいただれもが、まさに正反対のヴィジョンに打ち込んでいたのだ。催しのテーマは「ナショナリズム」だったが、出席者たちを本当に結びつけていたのは、彼らが住む社会に対する嫌悪感と、自分たちの価値観の一部がまもなくその社会で失われてしまうのではないかという不安だった。アメリカ人、イタリア人、フランス人、オランダ人、英国人、ポーランド人、スペイン人（Vｏｘのヨーロッパ議会議員）が次々に演説に立ち、政治的に迫害されているという気持ちと、「左翼」「進歩的」「啓蒙理性的リベラル」あるいは「全体主義的」とまで、さまざまに形容される一連の理念に支配された世界で、異論派でいることの経験を語った。時折、彼らの政治的現実からの隔たりには狼狽させるものがあった。多くの演説者が「国家（ネーション）」という観念の喪失を嘆いた――それなのに、わたしたちはローマの中心部にいて、目と鼻の先では、あからさまにナショナリストで排外主義者でさえある政治家マッテオ・サルヴィーニが次期首相レースをリードしつつあったのだ。

とはいえ、演説者の一部は非常に能弁で、感動的でさえあった。その一人にマリオン・マレシャルがいた。フランス極右の指導者マリーヌ・ルペンのカリスマ的な姪（めい）で、しばしば将来の大統領候補といわれる人物だ。マレシャルは世界を、その部屋にいた全員を含む「われわれ」と、リベラル派のフランス大統領エマニュエル・マクロンからフランス・スターリニストまで全員を含むらしい「彼ら」に分けた。「われわれは過去を未来に、国民を世界に、家族を社会に結びつけようとしています……。われわれは現実主義を代表している。彼らはイデオロギーなのです。われわれは記憶を信じる。彼らは健忘症なのです」と。彼女がそう語っているときでも、マクロン本人はポーランドのクラクフにいて、自分は誇りあるフランス人であるとともに誇りあるヨーロッパ人だと述べていた。彼はその日、しばしばそうするように、歴史と記憶について多くを語った。マレシャルのファンたちにとっては、これはどうでもいいのかもしれない。おそらく彼らは、彼女のような人物から歴史について聞く方がいいのだ。フランスとフランスらしさの民族的定義の広報官なのだから。あるいはただ、迫害されているという彼女の感覚を共有しているだけかもしれず、それが公に表明されるのを聞いてうれしいのである。

ポーランド愛国主義と「主権」の誇りについてのあまり能弁でない演説のおかげで、その日がゆっくり経過するにつれ、ローマの聴衆は目に見えてまばらになっていった。ところが、最後の部が終わりに近づくにつれ、カメラマンとジャーナリストが部屋にぶらぶら戻りはじめた。最後の演説者が入ると、総立ちの拍手を受けた。オルバーン・ヴィクトル本人だった。部屋にいる多くの人が本当に聞きに来たのはこの人物であることに、わたしは気がついた。彼がもっとも話し上手だからではなく、その場のほかの参加者が望んでいる事柄のいくつかをすでに成し遂げたからなのだ。数人の演説者が大学における抑圧的左派イデオロギーのことを話したけれども、ハンガリーは一つの大学を全面閉鎖し、ハンガリー科学アカデミーのような研究者組織を政府の直接管理下に置き、政権与党が政治的理由で嫌う大学学部から資金を取り上げたヨーロッパで唯一の国なのだ。多くの演説者が「左派」メディアに反対したけれども、ハンガリーは民間および公共メディアの大方を与党の管理下に置くため、政治的および財政的圧力を組み合わせて使ったヨーロッパ唯一の国でもあるのだ。たいていはまだ在野にある権威主義志向の諸党と政治家にとって、賞賛すべきところがたくさんあった。ハンガリーは大国ではない。しかし、この種の支配、この種の影響力が彼らの望むところなのだ。

オルバーンは演説しなかった。その代わり、成功の秘訣を説明するよう求められた。他党と権力を分け合う必要のないことが重要だ、と彼は真顔で語った。人心操縦や選挙工作、彼に多数派を維持させてきた入念に巧まれた不正行為のことは説明しなかった。メディアの支持を得ることも役に立つ、と彼は言った。報道陣が座っている部屋の後方で数人が笑った。部屋にいたほかの聴衆はうなずくばかりで、まったく笑うことがなかった。彼らは共感したのだ――そして、得心したのである。

第5章

燎原の火

力強い建国物語と憲法に対する特別な敬意、地理的隔絶、それに二世紀にわたる経済の相対的成功のために、現代のアメリカ人は長らく、自由民主主義はいったん達成されると逆戻りは不可能だと固く信じてきた。建国の祖たち自身には、それほど確信はなかった。歴史は循環していて、人間の本性には欠陥があり、民主政治が専制政治に退行するのを防ぐには特別な措置が必要である、彼らの敬愛する古典の著者たちはそう教えていた。だが、現代の大方のアメリカ人にとって、歴史は循環しているようには感じられない。逆に、歴史は、南北戦争を途中の一時的な例外として、しばしば前進と上昇の進歩譚として語られている。ホレイショ・アルジャー〔一九世紀の米小説家。少年の立身出世物語で有名〕の寓話と自明の運命説を信じる国民には、文化的絶望感は容易に起きることがない。啓蒙主義の具現である建国の文書が、かつて書かれた人間統治の可能性についての、もっとも楽観的な見解の一つを含んでいる国にあっては、悲観論はなじみのない感情なのである。

それ以上に、統治の可能性についての楽観主義は一七七六年以来、わたしたちの政治文化のなかにコード化されている。その年、世界のほとんどの国では、すべての人が生まれながらにして平等であることは「自明」〔アメリカ独立宣言の冒頭の句〕ではなかった。一七八九年には、「われら国民」が「より完全な連邦」〔合衆国憲法前文の句〕を形成できるとか、あるいは「われら国民」がそもそも自らを統治できるなどということも自明ではなかった。にもかかわらず、当時の荒涼たる大陸の東部海岸に集まった少数グループの人びとが、それらの言葉を書き、次いでそれを実現すべく考案された一連の組織を樹立したのだ。彼らは人間の本性については楽観的だった。本性を完全無欠なものにできるとは考えていなかった。その代わり、彼らは人びとに良き行動をうながす、チェック・アンド・バランスを詰め込んだ体制を創設しようとした。その当時もその後も、彼らの高尚な言葉がつねに現実の姿を映していたわけではなかった。その当時もその後も、彼らの組織がつねに意図されたとおりに機能したわけではなかった。だが、時が経つにつれ、その言葉はきわめて力強く、その組織はきわめて柔軟で、完全な権利をもつ市民のいっそう広範な層を囲い込み、最終的には男ばかりか女も、資産や富のない人びとも、以前の奴隷も、そしてあらゆる文化からの移民も含むまでになった。時々起きたように、組織の方が機能しなくなると、再度試行するよう人びとを説得するために、その言葉が復唱され、繰り返された。エイブラハム・リンカンはアメリカを「地上で最後、最良の希望」として語った。マーティン・ルーサー・キング・ジュニアは、「いつの日かこの国が立ち上がり、『われわれはすべての人間が生まれながらにして平等であるという事実を自明と考える』という、その信条の真の意味を実行に移す」ことを夢見た。

そもそもの初めから、この新しい国はほかの国とは違うという確信もあった。アメリカの民主政治は、それがフランスで機能しなくなったときでも、うまくいくだろう。なぜなら、アメリカ人の類例のない歴史と経験が彼らを民主政治に備えさせたからだと、トマス・ジェファソンは考えていた。まさにヨーロッパとその歴史サイクルから隔絶している——「先祖の血統から分離され、汚染から守られている」——がゆえに、民主的自治への信念を「揺りかごから刻印された」アメリカ人は特別なのだ、と彼は考えた。ド・トクヴィルからレーガンまで、この「例外論」を違った意味に再解釈する人びともいた。だが、当時もその後も、アメリカ人の愛国心を真に独特なものにしたのは、それが単一の場所の単一の起源をもつ単一の民族アイデンティティーとは、明確にはつながっていないという事実だった。一九八九年のレーガンの「丘の上の輝く町」演説は、「アメリカの偉大さ」と「アメリカ例外論」の言辞の絶頂時として記憶されているが、その演説は、アメリカの地理でもアメリカの人種でもなく、アメリカ建国の文書を引き合いに出した。レーガンはアメリカ人に、血と土地ではなく、憲法の周りに団結するよう呼びかけた。「わたしたちが最初の諸原則を思い出し、自分自身を信じるなら、未来はつねにわたしたちのものだろう」と。

ところが、当初から別の選択肢、アメリカとは何か、どうあるべきかについての異なる解釈、「国民（ネーション）」の異なる定義もあった。高まる合唱に交じった不協音声のように、時の政府に対する心身の消耗以上のものを反映して、アメリカの理念に対する非常に深い嫌悪感を抱くグループがつねにあった。一七七六年以来、アメリカという事業計画を、無邪気でおぞましく、抑圧的だ、あるいはまやかしだと考える人びとがいた。アメリカ独立革命のあと、数万人の国王派がカナダへ逃れた。南部同盟諸州は連邦を離脱した。一部の人びとにとって、アメリカに対する失望は非常に深く、アメリカに対する怒りは非常に激しかったため、彼らは思い切った結論を下し、思い切った行動を取るにいたったのだ。

過去一世紀半の間、アメリカ文明についてのもっとも絶望的、もっとも終末論的な見方は、たいてい左派から生まれていた。ヨーロッパの思想家と諸々の運動――マルクス主義、無政府主義、ボリシェヴィズム――に刺激され、一九世紀および二〇世紀初期のアメリカの急進主義者は、忌まわしい近代性（モダニティ）の到来を嘆き、それを改良できないアメリカ資本主義を批判した。無政府主義者のエマ・ゴールドマンが一九一七年に、彼女がいうアメリカのまやかしの諸機関について次のように書いたとき、それは知識人と活動家の階層全体の声を代弁していたのだ。「自由な共和国だって！　どうして一つの神話が持続するだろう、どうしてそれが比較的知的な人びとをも欺き、だまし、そのもの凄い不合理に対し盲目にし続けるだろう」

ゴールドマンはとくに、アメリカの海外での軍事的冒険と、それを正当化する愛国的言葉づかいに憤慨していた。「愛国精神とは何か？」と、一九一八年発表のエッセーで彼女は問いかけた。それは「幼児期の追憶と希望、夢と志望の場所なのか」。いや、そうではないと彼女は結論する。

もしそれが愛国精神なら、今日、愛国的たれと求められるアメリカの男はほとんどいないだろう。その遊び場は工場、製作所、鉱山に変えられ、耳をつんざく機械の騒音が鳥のさえずりにとって代わってしまったのだから。われわれはもはや偉業の物語を聞くこともない。なんとなれば、今日わが国の母親たちが語る物語はただ、悲哀と涙、そして悲嘆の物語なのだから。

アメリカンドリームはまやかしの約束であり、アメリカそのものは「悲哀と涙、そして悲嘆」の場だと、彼女は考えた——当初は彼女を極端な形の抗議に導いた信念である。彼女の同志でパートナーでもあるアレクサンダー・バークマンは実業家、ヘンリー・クレイ・フリック暗殺未遂で入獄した。バークマンはジョン・D・ロックフェラー・ジュニアの暗殺未遂にも関係していた。ゴールドマンはのちに暴力を拒否した——そして、ボリシェヴィキ革命の現実を目の当たりにして、深い衝撃を受けた——けれども、一九一七年時点では「自らの殉教行為が人間性を回復するとキリストの如く心底信じるがゆえに、信念を自らの血で贖（あがな）い、笑顔で死を受け入れる現代の殉教者たち」に対して、一定の理解を表明した。

その種の言葉づかいは五〇年後、「ウェザー・アンダーグラウンド」の思考に受け継がれた。一九七〇年、この急進派グループはニューヨーク州最高裁判事の家に火炎瓶を投げ、合衆国に対する「宣戦布告」を発し、爆弾製造中にグリニッジ・ヴィレッジの集合住宅を誤って吹き飛ばした。かつての時代の無政府主義者と同じく、アメリカの政治システムと、重要な改革を実行するその能力をまったく信じていなかった。もっとも有名な声明『燎原の火（プレーリー・ファイア）』のなかで、彼らは、融和的、中道的思想を広めることによって「人民を安心させるふりをする」「体制順応主義と漸進主義のくだらないイデオロギー」について書いた。この「改良主義」——彼らはこれを民主政治の通常の活動の意味で使っていた——は、「体制は芯まで腐っており打倒されなければならないという革命的見解と対立して、米国社会の本質的美徳を前提にしている」と。ウェザーのメンバーたちは米国社会の本質的美徳を前提にしていなかった。この体制は芯まで腐っていると考えたのだ。選挙で選ばれた政治家と議会に対する侮蔑をレーニンと同じくし、選挙地盤を固めるとか、有権者を獲得するといった考えに不満をつのらせ、いら立っていたのである。

彼らは「アメリカ例外論」の考え方には一段と憤り、『燎原の火』のなかでそれを名指しで非難した。彼らの想念のなかでは、アメリカは特別ではあり得ず、異なっているとは考えられず、例外ではあり得なかった。遅かれ早かれ革命はアメリカにも起き、世界に対するアメリカの有害な影響力に終止符を打つ、とマルクス主義の鉄の法則は教えていた。例外論という言葉そのものに対する怒りは、今日の政治的左派の一部の言葉づかいでも繰り返されている。歴史家ハワード・ジンは人種差別と性差別、そして抑圧に焦点を合わせたアメリカ史の著者だが、彼はことさらに「アメリカ例外論の神話」を弾劾してきた。過去二〇年間に、この同じ見出しをさまざまに変えた数十本の論説が発表されている。そのアメリカ嫌悪は、どこであれ今日、このアメリカ的思想に失望する人びとが集まる無数の研究会やセミナー、公開集会で、繰り返し聞かれる。

だが、アメリカ民主政治の機能不全に対する嫌気のために、同様に急進的な結論に至った別のアメリカ人グループがあり、この結論も今日、一定の反響がある。左派が資本主義の破壊的作用と人種差別の根強さ、そして海外での米軍のプレゼンスに自らの憂鬱を見出したとすれば、キリスト教右派は彼らが受け止める道徳的堕落と退廃、人種混合、そしてとりわけ現代アメリカの後戻りできない世俗主義に失望を見出した。作家のマイケル・ガーソンは福音派キリスト教徒で、「政治的」キリスト教に対する厳しい批判的アナリストだが、彼は、福音派の信者集団の一部はいまや本当に、アメリカは堕落したと信じていると論じている。ガーソンはジョージ・W・ブッシュの元スピーチライターだが、今は元同僚たちとは疎遠な別人で、以前の仲間たちの見解をこう説明する。「新たなより良き時代は、この混乱を浄化できる唯一者たるキリストの再臨まで始まらないだろう。人間のいかなる努力もその日を早めたり、破滅した世界を最終的に救済したりもできはしない」。換言すれば、最後の審判のその日まで、社会を良くしようとするのは無意味であり、実のところ、社会はおそらくより悪くなるだろうということなのだ。福音派ラジオのトーク番組の司会者、エリック・メタクサスは、二〇一六年の大統領選でヒラリー・クリントンが勝てば、共和国の終焉を告げることになると論じていた。「このような生存をかけた戦いにわれわれが直面したのは、南北戦争と、国家が始まった独立革命の時だけだった」と。福音伝道者ビリー・グレアムの息子で、リバティー大学学長のフランクリン・グレアムは、オバマ大統領時代に一段と凝った言葉を使った。「神の時計に関するかぎり、われわれは真夜中にいる、あるいは最後の数分にいるのかもしれないとわたしは考える……とりわけこの政権の間、わが国がいかに急速に退化しているか、世界がいかに急速に、道徳的に退化しているかを見て、われわれは政権が道徳の飛び込み板からまさに汚水溜のなかへ、真っ逆さまに飛び込んだことを知ったのだ」と。

右翼のこの悲観論の系譜は、それほど新しいわけではない。これら同じ見解の説は、三〇年間にわたり、ほかの多くの演説者や著述家によって繰り返されてきており、なかでも有名なのはパトリック・ブキャナンである。ブキャナンは福音派プロテスタントではないが、どちらかといえば同じ終末論的世界観を共有するカトリックだ。一九九九年、ブキャナンは共和党を離党し、改革党の先頭に立って大統領選に立候補することを表明した。彼は出馬表明演説で、「信仰、家族、そして国の価値観を支える民衆文化、われわれアメリカ人は共に犠牲を払って苦しみ、共に前進する国民だという理念、相互尊敬、分限をわきまえる気持ち、良き作法。これがすべてなくなってしまった」と嘆いた。この嘆きのもっと最近の表現では、二〇一六年春の時のように、文化的絶望についてさらに明確にしている。

一九四〇年代と五〇年代の民衆文化では、白人が役割モデルであった。彼らは悪漢を追う刑事と警官であり、ヨーロッパの戦場と太平洋諸島で第二次大戦に勝利した英雄だった。白人の子どもたちにとって、世界はさかさまにひっくり返ってしまった。わが国の学校では歴史教科書が書き直され、過去の英雄は、その彫像が取り壊され、旗が撤去されるとともに、消し去られてしまった。

ブキャナンの悲観論は、部分的には、白人が凋落してしまったという気持ちから来ているが、彼と真っ向から対立する左派の人びとの一部のように、アメリカ外交政策に対する嫌悪からも来ている。年月を経る間に、彼は通常の孤立主義を離れて、世界におけるアメリカの役割は悪徳的ではないまでも有害だとする信念らしきものの方向へ進化してきた。二〇〇二年、ブキャナンはテレビ視聴者に向かってこう語っている。「九・一一は、われわれが属さず、求められてもいない世界の領域へ米国が介入した直接の結果なのです」。ノーム・チョムスキーか、似たような左派のアメリカ批判論者もかくやと思わせる言葉づかいだ。

もっと不思議なのは、数十年にわたってソヴィエトのうその話法に抗していた人物が、ロシアは民族的アイデンティティーを守ろうとする信心深いキリスト教国家だという、プーチンの政治工作者たちによって作られたうその物語に夢中になったことだ。実際に教会へ行くのはロシア人のごく一部であること、あるいは聖書を読んだことのある人は五パーセントに満たないことは言うまでもない。ロシアが大方のヨーロッパ諸国より大きなイスラム人口を抱えた非常に多民族、多言語の国家であることは言うまでもない。ロシアの一地方、チェチェンは現実にシャリーア法によって統治されていること、あるいはその政府が女性にヴェールの着用を強制し、同性愛の男性に拷問を加えていることは言うまでもない。福音主義キリスト教の諸派が現実に禁じられていることは言うまでもない。ところが、例えばプーチンがカザンの聖母のイコンをたたえる写真、あるいは就任式に宗教礼拝を組み込むといったプロパガンダは、ブキャナンに効き目をあらわし、彼は、ロシアはアメリカより優れた民族的ナショナリスト国家だと確信するようになったのだ。彼はアメリカを、嫌悪感をこめて「多文化、他民族、多人種、多言語の、バラク・オバマを化身とする『万国共通国家（ユニヴァーサル・ネーション）』」であると述べる。

アメリカ極左の先端に身を置く者たちのように、極右の先端に身を置く者たちの一部は、長らく暴力に魅せられてきた。クー・クラックス・クランの歴史をここで復唱したり、オクラホマの爆弾魔ティモシー・マクヴェイやチャールストンの銃撃犯ディラン・ルーフの話をしたり、あるいは破壊された国を救うとの名目で、これまで大量殺人を計画し、さらに計画し続けている無数の個人と極右武装組織のことを説明するまでもない。二〇一七年、イリノイ州の極右武装組織がミネソタ州のモスクで爆弾を破裂させた。二〇一八年には、ユダヤ人が白人のアメリカの破壊を計画していると信じた男が、ピッツバーグのシナゴーグで一一人を殺害した。二〇一九年一月、「十字軍戦士」を自称するグループがカンザス州ガーデンシティーの共同住宅に爆弾を仕掛けようと計画した。多数のソマリア人難民を殺害しようとしたのだ。こうしたグループや運動は、民主政治は無価値であり、選挙では真の変革は実現できず、もっとも過激で命がけの行動のみが一定のアメリカの理想像の衰退を止めることができるという確信に鼓舞されてもいた。

二〇一六年ごろにもなると、旧マルクス主義左派の議論の一部——通常のブルジョア政治に対する嫌悪と革命的変革の願望——が、アメリカ民主政治の将来についてのキリスト教右派の絶望と出会い、それと混合する。それらが一緒になって、復古的ノスタルジアに訴えるドナルド・トランプの選挙戦の言葉づかいを生んだのだ。その二年前、トランプはアメリカの行き詰まりに対して毒づき、トロツキーなら評価したような解決法を要求した。「何が［これを］解決するかお分かりか？　経済が破綻し、国が完全に落ちぶれ、なにもかもが大失敗であるとき。それなら、われわれが偉大だったかつての位置に戻るため、暴動が起きるだろう」と。彼の顧問スティーヴン・バノンは自分を公然とレーニンになぞらえていたのだが、彼はその四年前、戦争が必要なことについて威嚇的に語った。「アメリカで再び朝の青い空を手にする前に、われわれはいくらかの暗い日々を体験しなければなるまい。いくらかの巨大な痛みを味わわなければなるまい。痛みを味わう必要などないと考える者はだれでも、わたしの考えるところでは、あなた方をだましているのだ」。二〇一〇年のスピーチでは、ウェザー・アンダーグラウンドのメンバーたちにあえて直接触れ、『燎原の火』を参照し、彼らの名称の由来になったボブ・ディランの歌を引用した。

風向きを知るのにウェザーマン〔天気予報官〕は要らない、そして風は燎原を通って、一一月にはるばるワシントンまで燃える火に点火しながら、この国の高原から吹くのだ。

トランプの就任演説は彼の顧問チーム――バノンもその一人――によって書かれ、これも左派・右派両方の反アメリカ主義の要素を含んでいた。演説は「自らを守ったけれども、わが国の市民を守ってこなかった」ところの「既成支配層」に対する左派の嫌悪感を取り込んでいた。「彼らの勝利はあなた方の勝利ではなかった。だから彼らがわが国の首都で祝っている間、国じゅうの生活苦にあえぐ家族には祝うべきことがほとんどなかったのです」。演説はまた、国家のみじめな道徳状況、「あまりにも多くの命を奪い、わが国からあまりにも多くの未だ実現されない潜在能力を奪った犯罪とギャング」についての、福音派の絶望も反映していた。

就任演説は、暴力によって浄化する場面への願望を直接的に表現してはいなかった。だが、トランプが一年後の二〇一七年七月にワルシャワで行った「西洋文明」に関する演説――バルダヒと彼の仲間たちが執筆を手伝った演説――は、はっきりとそれを表現していた。明らかにトランプの執筆ではなかった。プロンプターで読んでいる原稿の一部に驚いた様子だったのだ（コペルニクスがポーランド出身であることに触れたくだりに「そうなのか！」と驚嘆したのだ）。だが、バノンとスティーヴン・ミラーを含む本当の執筆者たちは、就任演説と一部同じような言葉づかいを用いた。「権力をもつ者ではなく人民が……自由の基礎とわれわれの防衛の礎石をつねに築いてきたのです」と彼らは書いた。まるでトランプその人が、徴兵を逃れ、代わりに別の人びとを戦わせた裕福で権力をもつエリート実業家ではないかのようだ。ワルシャワ蜂起――ポーランドのレジスタンスが、偉大な勇気を示したもののナチスによって粉砕された恐ろしい破滅的な戦い――について述べた一節で、彼らはトランプに、「西洋は愛国者の血で救われたこと、それぞれの世代が立ち上がり、その防衛で自らの役割を果たさなければならないことを、これらの英雄たちはわれわれに想起させるのであります」と宣言させた。不吉な含意は聞き逃がしようもなかった。「それぞれの世代」とは、わたしたちの世代の愛国者も、アメリカを退廃と腐敗から救うための来たるべき戦いで血を流さなければならないことを意味するのだ。

トランプはこの古い物語に、新しい要素を自ら加味する。極右の至福千年説信奉と極左の革命的ニヒリズムに、世界中で芳しくないビジネスの経営に長年をついやしてきた人物ならではの、深い冷笑的態度を付け加えるのだ。トランプはアメリカ史についての知識はまったくなく、したがって、それにいささかも信念をいだくことができない。建国の祖たちの言葉に対する理解も共感もない、だから、その言葉に鼓舞されることがない。アメリカの民主主義がすばらしいとは思っていないため、諸国間の模範になろうと切望するようなアメリカには、まるで関心がないのだ。二〇一七年、フォックス・ニュースのビル・オライリーとのインタビューで、彼は典型的な「逆問いかけ論法」を使い、ロシアの独裁者プーチンへの賞賛を表明した。「でも、彼は人殺しですよ」とオライリー。トランプは「人殺しはたくさんいるよ。わが国はそんなに罪がないと思うかね？」と答えたのだ。彼はその二年前、ジョー・スカボローとの別のテレビ・インタビューで、同様の考えを表明していた。トランプはプーチンについて、「彼は国を動かしているし、それに少なくともリーダーだ」と述べ、「この国でわれわれが戴いている人物とは違ってね。……わが国もたくさん人殺しをやっているよ、ジョー、言っておくけれど」と。

「プーチンは人殺しだが、われわれ全員がそうなんだ」というこの話法は、プーチン自身のプロパガンダの裏返しである。そのプロパガンダはしばしば、饒舌に「いいだろう、ロシアは腐敗している。だがほかのどの国もそうだ」と述べるのだ。それは道徳的等価視の議論であり、信念と希望、そしてわたしたちが憲法の言葉に背かない行動をすることができるという確信の土台を崩してしまう議論だ。それは大統領にとって使い勝手のいい議論でもある。「人殺し」になったり、不正を働いたり、あるいは「ほかのだれとも同じように」法を破ったりする赦免状を彼に与えるのだから。ダラスへの旅の途中、わたしは大統領の裕福な支持者の一人から、これと同類の議論を耳にした。そうよ、と彼女は言った。彼は不正をしているわ——でも、彼の前の大統領たち全員がそうだったと思うのよ、「わたしたちが以前はそのことを知らなかっただけだわ」。こう考えることで、彼女は——正直な市民、法を守る愛国者なのだが——腐敗した大統領を支持する赦免状を得られるのである。だれもが不正を働き、これまでつねにそうだったのなら、勝つために何をしようと許されるというわけだ。

これは言うまでもなく、反アメリカの過激派、極右および極左の先端にいるグループがつねに行ってきた議論だ。アメリカの理想はまやかしだ、アメリカの諸機関は詐欺的だ、海外でのアメリカの行動は悪質だ、そしてアメリカがいだく構想——平等、機会、公正——は空疎なスローガンにすぎない、と。この陰謀論的な見解では、有権者を自らの計画に従わせ、真実を隠す作り話として、トマス・

ジェファソンの偽善的な言葉を使う秘密主義の実業家たち、あるいはたぶん、「国家に巣くう」官僚たちこそが、真の現実ということになる。こうした悪の策動家を打倒するためなら、どんな手段を使おうと正当化されるのだ。ウェザー・アンダーグラウンドは『燎原の火』のなかで、「司法省とホワイトハウス—ＣＩＡのたぐい」を激しく非難した。いま、トランプが同じことをしている。「ＦＢＩのトップの腐敗を見たまえ——これは恥辱だ」と、彼は大統領就任の二年後、「フォックス＆フレンズ」〔フォックス・ニュースの番組〕に語った。「それに司法省。わたしはそれから距離を置こうとしているけれども、いつかの時点ではそうしないつもりだ」と。彼はのちに、距離を置くことはなかった。

この種の道徳的等価視——民主政治は根本では専制政治となんら変わらないとする見解——はおなじみの議論であり、長らく独裁者たちに使われてきた議論だ。さかのぼること一九八六年、学者で知識人でレーガン政権の国連大使であったジーン・カークパトリックは、当時ソ連が使っていた道徳的等価視の話術が米国と同盟諸国の両方に及ぼす危険について書いた。銃、兵器、それに核弾頭さえも、民主主義諸国にとって危険ではあるが、この特殊な形の冷笑的態度ほどは危険ではない、と。「一つの社会を破壊するには」と彼女は書いた。「まずその基本的諸機関の正当性を否定することが必要なのだ」。アメリカの諸機関が敵対する機関となんら変わらないと考えるならば、それを守る理由もない。同じことは大西洋をまたぐ諸機関についてもいえる。民主主義諸国の共同体である大西洋同盟を破壊するためには、と彼女は書いた。「共通の帰属意識と共通の努力の基礎になっている共有の道徳的目的意識を、民主社会の市民から奪うだけで事足りる」と。

二〇一六年のトランプの勝利は、まさにこの種の道徳的等価視の勝利だった。われわれは丘の上の輝く町を代表しているのではなく、プーチンのロシアの「殺し屋たち」となんら変わらない。われわれは「諸々の民主社会の市民」を主導する国家ではなく、「アメリカ第一」なのだ。われわれは自らを善のための偉大な国際的連携の中核と見るのではなく、われわれの価値観を共有する諸国を含め、他国の運命には関心がないのだ。「数世紀さかのぼる敵意をいだく東ヨーロッパの敵対派閥間でどちらかに与することに、アメリカは重大な利害を有してはいない」と、トランプもしくは彼のゴーストライターが二〇〇〇年に書いている。「彼らの紛争はアメリカ人の命に値しない」と。それはイラク戦争に対する告発ではなかった。二〇世紀初頭にさかのぼるアメリカの世界への関与に対する告発、二度の世界大戦と冷戦に関与したことへの告発であり、トランプの父親がクー・クラックス・クランとともに暴動を起こしたことで逮捕された一九二〇年代の、外国嫌悪と内向きの孤立主義への回帰だった。

そして、これこそトランプが証明してみせたことなのだ。すなわち、アメリカ人の総意、建国の祖にたいする信頼とわれわれの理想に対する信念の表面下に、もう一つのアメリカ——ブキャナンのアメリカ、トランプのアメリカ——民主政治と独裁政治の間になんら重要な違いを見ないアメリカがあるのだ。このアメリカは他の民主主義諸国への愛着を感じない。このアメリカは「例外的」ではない。このアメリカはジェファソンが描いたような特別な民主精神をもってはいない。このアメリカの一体性は、白い肌と一定のキリスト教理念、それに壁で囲まれ、守られる国土への愛着によって生まれるのだ。このアメリカの民族ナショナリズムは、歴史の古いヨーロッパ諸国の古い民族ナショナリズムに似ている。このアメリカの文化的絶望感は、ヨーロッパ諸国の文化的絶望感に似ているのである。

驚くのは、この定義のアメリカがそこにあるということではない。それはこれまでもつねに存在した。驚くのは、それが自らのアイデンティティーを表すために旗や横断幕、愛国的シンボル、それにパレードを強く誇示して使ってきた政党のなかに現れたことなのだ。レーガンの党がトランプの党になるには――共和党がアメリカの理想を捨て、代わって絶望の話法を採用するためには――、同党を支持する有権者の間だけでなく、同党の知識人の間で、一つの大転換が起きる必要があったのである。

「それは共和党多数の新連邦議会開幕日のカクテルアワーで、ジョージタウンにあるデーヴィッド・ブロックのタウンハウスのシャンデリアに照らされた客間は、議事堂での催しから戻ったばかりの上機嫌な若手の保守派人士たちで埋まっていた」。これは一九九五年の『ニューヨーク・タイムズ・マガジン』誌の「反・対抗文化（カウンター・カウンターカルチャー）」と題した巻頭記事の冒頭の文だ。執筆者は故ジェームズ・アトラスで、彼は一連の人物を一人一人紹介している。当時、『ウォールストリート・ジャーナル』紙社説面担当の若いデーヴィッド・ブルックスがいた。当時、大統領ビル・クリントンの個人的問題への意地悪い調査でよく知られていたブロック本人もいた。わたしの友人だったデーヴィッド・フラム――『ウォールストリート・ジャーナル』の元論説委員との説明がある――と妻のダニエル・クリッテンデンがいて、彼女とわたしは数年後にポーランド料理本を共同執筆している。

面白おかしい細部描写――教育のある保守派エリートたちが教育のあるリベラル派エリートに冷笑を浴びせるジョージタウンの複数の高級レストラン――があるが、記事の語調は否定的ではない。他のそうそうたる名前と短い人物紹介が続く。ビル・クリストル、ジョン・ポドホレッツ、ロジャー・

キンブル、ディネッシュ・ドゥソウザ。その記事が出た当時、わたしは彼らを大方知っていた。わたしはロンドンの『スペクテーター』誌で働いており、このグループとわたしの関係は、時たまやってきて家族にちょっぴり関心を呼び起こすけれども、内輪の仲間には決して入らない外国の親類といったところだった。わたしはクリストルが編集長を務める『ウィークリー・スタンダード』誌と、キンブルが編集長である『ニュー・クライテリオン』誌に時々、そしてクリッテンデンが編集に加わっていた『インデペンデント・ウィメンズ・クウォータリー』誌には一度、書いていた。ヒョウ柄のミニスカートをはいた姿がその雑誌の表紙写真でもっとも目立った一人の女性のことも、ほんの少しだが知っていた。ローラ・イングラハムで、彼女は最高裁判事クラレンス・トマスの事務官をしていたことがあり、当時はある高級法律事務所の弁護士だった。終わりから二番目のパラグラフにアトラス自身が登場し、真夜中近くに「バックウィート・ザディイコの音楽をステレオでがんがん鳴らしながら、イングラハムの国防色のランドローヴァーでブロックと一緒に、開いているバーを探してワシントン中心街を突っ走る」。

イングラハムは時たまテレビ番組や公のスピーチで、わたしが当時の彼女から第一に連想したこと、すなわちレーガンとレーガン主義への思い入れをあらためて、はっきり表明している。あの当時、ブロックのカクテルパーティーにいたような人なら全員が共有していたあの思い入れである。あるいはひょっとすると、レーガンへの思い入れとは、いささか決めつけすぎかもしれない。あのグループを本当に束ねていたのは――そして、わたしをそこへ引きよせたのも――、一種の冷戦後の楽観主義であった。「われわれは勝った」、民主主義革命が今度こそは続くだろう、ソ連崩壊後にもっとすばらしいことが起きるだろうという確信——当時わたしたちがポーランドで抱いていたのと同じ、そして一九九九年の大晦日のことからよく思い出すあの楽観主義である。これはノスタルジアにふけるイングランド人の保守主義ではなかった。もっと楽観的、もっとアメリカ的なもので、まったく後ろ向きではない一種の楽観的保守主義だった。もっと暗い解釈もあったけれども、絶頂期にはそれはエネルギーにあふれ、改革志向で、寛大で、米国に対する信頼とアメリカ民主政治の偉大さに対する確信、それに、その民主政治を世界の他の国々と分かち合おうという大志に基づいていた。

だが、その時期は結局、わたしたちが期待していたより短期間に終わってしまった。冷戦とサッチャー主義の終わりが英国保守派の間に不満を生んだとすれば、アメリカでは、冷戦の終わりは深い分裂と解決しがたい反目を生んだ。一九八九年以前は、アメリカの反共産主義者たちは——これは中道民主党員から共和党の外縁部分にまで及ぶが——、ソ連に対抗する決意によって結ばれていた。だが、そのグループは一枚岩ではなかった。一部は、現実的政治の外交官あるいは思想家として、ソヴィエトのプロパガンダに潜むロシアの伝統的な侵略を恐れ、核戦争を懸念し、世界におけるアメリカの影響力を気遣うがゆえに、冷戦の戦士になっていた。ほかの人びとは——わたし自身もこの範疇に含まれるが——、われわれは全体主義と独裁政治に反対し、政治的自由と人権のために戦っていると考えていた。さらに別の人びとは、ソヴィエトのイデオロギーがはっきりと無神論であるため、またアメリカは神の側に立っていると考えるがゆえに、ソ連と戦っていた。ソ連が崩壊すると、こうした異なる反共主義者を結びつけていたきずなも崩壊してしまったのだ。

この地殻変動には時間がかかった。その範囲と規模は、ただちにははっきりしなかった。「9・11」

の事件はおそらく、それがなかった場合よりはるかに長く、このグループを結びつけた。しかし結局、ブロックの家での夕べもまた、その出席者たちがいまや互いに口を利かないもう一つのパーティーになってしまった。パーティーからわずか二年後、ブロック自身が「右翼殺し屋の告白」と題した論説で、右派の「知的不寛容と独りよがりの集団思考」を批判し、自説を取り消した。ブルックスは徐々に中道へ流れ、『ニューヨーク・タイムズ』のコラムニストになって、意味ある生活の送り方に関する複数冊の本を書いている。フラムはジョージ・W・ブッシュのスピーチライターになり、次いで、共和党の外国嫌悪と陰謀論のグループに幻滅し、ドナルド・トランプが大統領に選出されたあと、完全に決別した。クリストルは少し遅れて、同じ軌道に従った。ほかの人びと——ドゥソウザとキンブル——はちょうど反対の方向へ進んだ。

　わたし自身が決別したのは二〇〇八年。トランプの原型であるサラ・ペイリン〔共和党右派の元アラスカ州知事で二〇〇八年にマケインの副大統領候補〕の昇進と、イラクにおけるブッシュ政権の拷問使用が理由だった。「わたしはなぜジョン・マケインに投票できないか」と題する論説記事も書き、わたしが考える共和党の変貌ぶりを説明した。（読み返してみると、この記事はほとんどマケイン賞賛に割かれていることが分かる。マケインはわたしの著書『グラーグ：ソ連集中収容所の歴史』〔邦訳、白水社〕のワシントンでの出版記念会ですばらしいスピーチをしてくれたのだが、それでも再びわたしに声をかけることはなかった。）だが、わたしの世界理解がアメリカの友人の一部といかに違ってしまったかを知ったのは、ドナルド・トランプが共和党大統領候補になってからである。あの「若き保守人士たち」の小グループアは、はっきりと二分されてしまったのだ。

二〇一七年にはサム・テーネンハウスが、この度は『エスクワイア』誌に、あるパーティーについての記事を書いた。これはわたしの著作 *'Red Famine: Starlin's War on Ukraine'*〔赤い飢饉：スターリンのウクライナ戦争〕の出版を記念して、フラム夫妻がワシントンの自宅で開いてくれたパーティーだ。テーネンハウスが、「居場所を奪われ追放された人びと、記者、知識人、それに、もしパリかロンドン——オタワでもいいが——に集っていたら、亡命者と流浪者の妖しい魅力をまとったとしても不思議ではない識者たちの中核」と表現した、大部隊を含むパーティーである。テーネンハウスは「トランプ拒否派」のこのパーティーをやんわりとからかい、なかでも、飢饉に関する本の出版を祝うパーティーに供された「東欧をテーマにした前菜類」を笑った。それはそのとおりだった。だが彼は一つ真面目な指摘もした。「ゲストの多くにとって……トランプの登場で、『それはここでも起き得る』〔米国に独裁者が登場するシンクレア・ルイスの一九三〇年代の小説の題『それはここでは起き得ない』から〕という言い古された反復句が緊急の差し迫ったものになった。それはいま起きつつあり、止めなければならない」と。

わたしたちの古い知人のだれもが同じように感じていたわけではない——そして実際、招かれていない人もいた。一九九〇年代にわたしの友人たちが作成した招待客リストと、二〇一〇年代後半に同じ友人たちが作ったリストは、大変ちがっていた。一つには、部屋には数人の中道左派民主党員がいたが、これは三〇年前にはフラム夫妻が知らなかった人たちだった。欠けている人も何人かいた。例えばロジャー・キンブルがいなかった。かつて一九九二年には、キンブルは実際に『知識人の裏切り』の好意的な書評を書き、その一部はのちに、バンダの有名な著作の新訳英語版の前書きに使われた。バンダは——「民族主義とナショナリズムの憎悪がヨーロッパをばらばらにしはじめていた時期に書き」――偏向した党派性に反対し、「公平無私の理想、真理の普遍性」を信じた。キンブルは一九九二年のそのエッセーで、賛同してこう書いていた。ちょうどその当時、おそらく「民族主義とナショナリズムの憎悪」がユーゴスラヴィアと旧ソ連で盛り上がっていたため、キンブルには知識人の中立性という理想が賞賛に値するように思われたのだ。

二〇一九年にもなると、キンブルは自ら公平無私とは対極の人物になっていた。もはや「真理の普遍性」にも、とり立てて未練があるわけではなかった。二〇一九年の弾劾公聴会の間、彼は「アメリカン・グレートネス」〔アメリカの偉大さ〕と称するトランプ支持のウェブサイトに一連の記事を投稿し、トランプ大統領が法を破ったという、大統領の弁護団も反論していない証拠を繰り返しあざけるか、無視した。その彼が、一九九二年には、「理性と共通の人間性に対する信頼の崩壊は、道徳規範の破壊につながるばかりか、勇気の危機にも関わる」と書いていたのだ。二〇一九年、キンブルは連邦議会の民主党議員を「ピラト総督の前でバラバに味方する怒った群衆になぞらえた〔バラバは群衆の要求でキリストの身代わりに解放された盗賊。マタイ伝福音書二七章〕――これは暗にトランプとキリストを同等視する発言だった。彼は、ミット・ロムニー議員を例外として、大統領が私益のためにアメリカ外交政策を利用したことを認めたくない共和党上院議員の怯懦には触れなかった。「勇気の危機」は、まさに彼の眼前にあった。キンブルにはもはやそれが見えなかったのだ。

イングラハムもその場にいなかった。前の時期であれば、ソヴィエトの犯罪に関する書籍の出版記念パーティーに彼女がいれば、わたしはうれしかっただろうし、彼女も喜んで来てくれたことだろう。だが、一九九〇年代以来、わたしたちの軌道は根本的に違う方向に行ってしまっていた。彼女は法曹会を去り、保守メディアの世界へ漂流し、長らく自分のテレビショーをもとうと努力した。そんな当初の試みはすべて失敗したけれども、最後には人気のあるラジオトーク番組をもった。わたしは二度、番組のゲストとして招かれた。一度は二〇〇八年のロシアのグルジア〔ジョージア〕侵攻の後だった。再びその時の会話を聞いてみて――インターネットの魔法のおかげで、一言一句も失われていない――、わたしはそれが一九九〇年代の楽観的保守主義と首尾一貫していることに、強い印象を受けた。イングラハムは依然として、アメリカの善を成す力、ロシアの脅しを押し返す能力について語っていた。しかし、彼女はすでに別のなにかを探りつつあったのだ。ある時、彼女は師の一人であるパット・ブキャナンの論評から引用した。ブキャナンは、希望に燃える民主主義国グルジアにアメリカが関わることの無意味さを繰り返し激しく批判し、彼が自国より「キリスト教的」と想像する国、ロシアをたたえていた。

この論評紹介は、あるほかの変化を示唆していた。というのは、ある時点で彼女のレーガン流楽観主義は消え、ほかの非常に多くの人びとが共有するあの終末論的悲観主義へと徐々に凝り固まっていったのだ。これは彼女が今日、話したり書いたりしているものの多くに見ることができる。すなわち、アメリカは絶望的だ、ヨーロッパは絶望的だ、欧米文明は絶望的だ。移民、反差別、トランスジェンダー運動、文化、既成支配層、左翼、そして「民主党員」に責任がある、というのだ。彼女が思っていることの一部は本当だ。インターネット上のいわゆる「キャンセルカルチャー」〔特定の人や組織の発言・行動をSNS上で非難する集団的行為。社会的に有意義な場合もあれば、時に「炎上」が行き過ぎる場合も〕、大学キャンパスで時々燃え上がる過激思想、そしてアイデンティティーに依拠する政治運動を実践する人びとの度を越した主張は、それと対抗するためには真の勇気が求められる問題である。だが、こうした形の左翼過激主義は通常の民主政治によって対抗できると彼女が考えているのかどうかは、もはや明らかではない。二〇一九年、彼女はブキャナン本人を自分の番組に呼び、この点を彼に直接ぶつけた。「わたしたちが理解していた欧米文明は、実際に危機に立っているのでしょうか？　あなたなら実際、それが崖っぷちに傾いていると非常に力強く論じられると思いますが」。ブキャナンのように彼女もまた、アメリカが世界でなんらかの役割を果たせるかどうか、果たすべきかどうかについて懐疑的になったのだ。驚くには当たらない。もしアメリカが特別優れているのではなく、堕落しているのであれば、アメリカが国境外で何かを達成することをどうして期待できるだろうか？

この同じ終末意識は、移民についての彼女の見解に影響を与えている。移民による犯罪は本国生まれのアメリカ人より少ないという圧倒的な証拠があるにもかかわらず、イングラハムはいまや長年、フォックス・ニュースの世界にいる非常に多くの面々のように、不法移民を強盗・殺人犯と表現しているのだ。これは国境での規制強化を求める、よくある妥当な要求とは別物だ。彼女はまた、アメリカにおける「大規模な人口統計上の変化」、「われわれのだれもそれに支持投票をしたことがなく、われわれの大部分が望まない変化」に一度ならず言及し、不法移民ばかりか合法的移民も停止するようトランプ大統領に呼びかけてきた。国の一部地域では、と彼女は述べた。「われわれが知り、愛するアメリカはもはや存在しないかのように、たしかに見えるのです」と。彼女はトランプに次のように直接呼びかけて締めくくった。

これは国家の緊急事態であり、大統領は連邦議会がただちに行動するよう要求すべきです。この国では何かが消えつつあり、それは人種とか民族の問題ではありません。それは、アメリカ市民権は一つの特権、そして最低限でも法の支配と憲法に対する忠誠の尊重を要求する特権であるという、かつて両党に共通していた理解の問題なのです。

そして、もし本当のアメリカ、真のアメリカが消滅しつつあるなら、それを救うために非常手段が必要になるかもしれないのだ。二〇一九年のこと、ゲストの一人である保守派弁護士ジョセフ・ディジェノヴァがアメリカにおける来たるべき文化衝突について話しはじめると、イングラハムは同意の相槌を打った。「予見できる将来のための礼儀正しい対話をそもそも行おうという提案は終わりです……それは全面戦争になるでしょう」と彼は語った。「わたしは二つのことをする。投票し、銃を購入します」。ラファエル・バルダヒが「われわれは殺されたくない、生き延びなければならない」と言うとき、彼は比喩的に話していた。イングラハムは、政治がまもなく本物の暴力を伴う本物の戦争になるかもしれないと考えるアメリカ人グループを鼓舞しているのだ。

その暗鬱な悲観主義は、アメリカの歴史上もっとも人騒がせでもっとも急進的な左翼および右翼運動の残響を帯びており、どうしてイングラハムがほかの多くの人びとよりずっと以前に、ドナルド・トランプの確信的支持者になったのか、その一端を説明している。彼女は一九九〇年代からトランプを知っていた。彼らは一度デートしたことがあったが、どうやらうまくいかなかったようだ——彼女はトランプを横柄だと思った（「彼は別々の二台の車が必要なのよ、一台は自分用、もう一台は自分の頭髪用」と何人かの共通の友人に話している)。それでも、トランプが政治にかかわった初期からの支持者であり、自分の番組で彼がバーセリズムについてわめくのを許しさえした。彼女は共和党大会でトランプ支持のスピーチをし、同党のほかの面々がまだ賛成していないのに、彼の主張を弁護した。彼女はこれまでトランプの在任期間を通じて、彼に会える特別な立場にあり、彼と定期的に話しているフォックスの数人のうちの一人である。

トランプに対する信頼、あるいは少なくとも彼の主張に対する信頼が、二〇二〇年春、新型コロナウイルス感染症の爆発的流行に関するイングラハムの報道をすっかり形づくった。フォックス・ニュースの同僚キャスターと同様、彼女は最初、そのニュースを軽視し、過剰に騒ぎ立てているとして民主党を非難。そのニュースを「トランプ大統領を攻撃するための新たなやり口」と呼んだ。のちには積極的な情報歪曲にたずさわり、医学専門家を無視。試験される前に抗マラリヤ薬ヒドロキシクロロキンを大宣伝した。トランプ自身がその宣伝を始める三日前に、その名を挙げたのだ。四月には、政権自身のロックダウン政策に反対する大統領の奇妙なキャンペーンにも加わり、隔離に対して立ち上がるよう「反抗者たち」を鼓舞した。彼女のツイートの一つが、彼女の深層にある見方の一部を露見させた。「イラク人やシリア人、クルド人、アフガニスタン人などの解放を支援するようわが国の政府をせきたてた人びとのうち、いま何人が、ヴァージニア州、ミネソタ州、カリフォルニア州などの解放に肩入れしているだろうか?」。「解放」という言葉を使用すること、流行病から市民を守ろうと奮闘している民主的に選ばれたアメリカの州知事たちと、大量殺戮を実行した男サダム・フセインをもろに同等視すること――これはアメリカ民主政治を信頼する人物が考えることではなかった。

イングラハムのたどった軌道のいくつかの要素は、不可解なままだ。一つは、彼女が頻繁に倫理観、キリスト教的価値観、個人の価値観を引き合いに出すことだ。二〇〇七年にダラスで、あるグループに向かって行ったスピーチで、彼女は「美徳がなければアメリカはありません。美徳がなければ、われわれは暴君に支配されるでしょう」と語った。次いで、そうした美徳のリストを挙げた。それは「名誉、勇気、無私無欲、犠牲、勤勉、個人の責任、年長者への敬意、弱者に対する敬意」だと。こうした美徳のどれ一つとして、ドナルド・トランプがもっていると見ることはできない。もっと分かりにくいのは、大統領があらゆる移民に浴びせる非難に彼女が加わっていること、そして、合法的移民が、「われわれが知り、愛している」アメリカを損なってしまったという彼女自身の不安だ。イングラハム自身には三人の養子がいる――すべて移民なのである。

イングラハムはわたしと話そうとしないので、彼女がこうした矛盾をどう自分自身に説明しているのかわからない。わたしの友人のアーニャ・ビエレッカと同様、彼女は一通のeメールに答えたあと、沈黙してしまった。だが、いくつか手がかりはある。共通の友人の何人かは、彼女がカトリックへの改宗者で、乳がんを克服して深い宗教心があると指摘する。彼女は友人の一人に、「わたしを失望させなかった男はイエスだけ」と話したというのだ。生き馬の目を抜く右翼メディアの世界で――とりわけ、女性スターたちが上司と寝るようしばしば圧力をかけられるフォックス・ニュースで――生き抜くために彼女が必要とした意志力は、過小評価すべきではない。この個人的経験の組み合わせが、彼女の公の発言の一部にメシア的激しさを与えているのだ。二〇〇七年のその同じスピーチで、自分の改宗のことを語っている。もし自分の信仰がなかったら、と彼女は述べた。「わたしはここにいなかったでしょう……。わたしはおそらく生きていなかったでしょう」と。それが、無信心者からアメリカを救うために自分が戦う理由なのだと、彼女は語った。「われわれが国として神への信仰を失うなら――われわれは国を失うのです」。

世の中でもっともありふれた釈明である職業上の野心も、話の一部である。部分的にはトランプの、そしてトランプとのコネのおかげで、イングラハムはとうとうフォックス・テレビのゴールデンタイムの番組を、それに見合った巨額給料とともに手に入れた。彼女はこれまで重要な節目でトランプとのインタビューをものにしてきているが、インタビューではお世辞の質問しかしない。「ところで、世論調査の数字、おめでとうございます」。ノルマンディー上陸作戦の記念日のインタビューで、彼女はこう言った。しかし、イングラハムほど知的な人物に対して、これが完全な説明になっているとは、わたしは思わない。フォックスが番組を与えなかった長年の間、彼女はラジオ番組をもっており、フォックスが仮に彼女を番組から降ろしたら、彼女はラジオ番組に戻るだろうとわたしは思う。非常に多くの伝記の場合のように、個人的なことと政治的なことをばらばらにするのは無益なのだ。

別の時期、別の場所に、彼女の思考を解くいくつかの手がかりがある。わたしのポーランド人の友人のように、ゲイの息子をもちながら同性愛嫌悪の政党を支持するとか、外国の子どもを養子にしながら移民を呪うといったような自己矛盾はおそらく、現実に過激主義もしくは過激な言葉づかいに滋養を与える。ポーランドの作家ヤツェク・トゥシナーデルは、スターリン主義下のポーランドで、体制の声高な支持者であると同時に体制に疑念を抱くとはどのような気分なのかを描写している。「わたしはヴロツワフの大学での集会で、演壇から叫んでおり、同時に、自分が叫んでいることを思ってパニックになった。……わたしは叫ぶことで「群衆を」納得させようとしているのだと自分に言い聞かせたのだが、実は自分を納得させようとしていたのだ」。ある人びとにとっては、トランプを声高に支持することは、彼らがトランプ支持について感じている深い疑念を、そして恥辱感をも隠すことに役立っているのだ。ホワイトハウスを汚し、同盟諸国を損なっている大統領に対しては、微温的な支持を表明するだけでは十分ではない。他者とともに自分を納得させたければ、叫ばなければならない。自分の感情を信じるに足るものにしようとするなら、それを誇張しなければならないのである。

だが、答えはただ、イングラハムの絶望の深さにもあるのかもしれない。現在のアメリカは暗い悪夢のような場所。そこでは神がごく少数の人にしか語りかけず、理想主義は死に、内戦と暴力が近づきつつあり、民主的に選ばれた政治家は外国の独裁者や集団殺戮者と選ぶところがなく、「エリート」は退廃と混乱と死のなかでもがいている。彼女の、そして非常に多くの人びとの目に映っている現在のアメリカは、大学が自国憎悪を教え、英雄より犠牲者の方がたたえられ、古い価値観が投げ捨てられてしまった場所なのだ。真のアメリカ、かつてのアメリカを取り戻すためであるなら、どんな代償でも払われなければならず、どんな犯罪も許されなければならず、どんな暴力行為も無視されなければならないわけなのである。

第6章 終わらない歴史

わたしたちがいま体験しつつある大きな歴史的転換――突然、家族と友人を分断し、社会階級を切り裂き、同盟関係を劇的に再調整するような諸事件――は、以前にも起きたことがある。近年、二〇世紀の多くの争論の予兆となった一九世紀末フランスのある論争――二一世紀の議論にも影を落とす論争――に、まだまだ十分な注意が払われてきたとはいえない。

一八九四年、フランス軍内で一人の内通者が発見されると、ドレフュス事件の引き金が引かれた。だれかがドイツに情報を流していた。ドイツは四半世紀前にフランスを破り、依然として、かつてフランスの州だったアルザス・ロレーヌを占領していた。フランス軍情報部が捜査し、犯人を見つけたと断言した。アルフレド・ドレフュス大尉はアルザス人で、言葉にドイツ語訛りがあり、それにユダヤ人だった――したがって、一部の人びとから見て、真のフランス人ではなかった。のちに明らかになるように、彼は無実でもあった。本当のスパイは別の将校、フェルディナン・エステルアジ少佐で、彼は数年後、将校を退役し、国外逃亡することになる。

ところが、フランス軍の捜査官は証拠を捏造し、うその証言をした。ドレフュスは軍法会議にかけられて有罪判決を受け、公衆の面前で恥辱を受けた。シャンドマルス広場のやじる大群衆の前で、一人の副官が彼の制服から将校の袖章をはぎ取り、彼の剣を折った。ドレフュスは叫び返した。「諸君は無実の人間を解任しようとしているのだ！　フランス万歳！　陸軍万歳！」。のちに彼は仏領ギアナ沖合の悪魔島〔映画『パピヨン』の舞台にもなった流刑の島〕の独房監禁へ送り込まれた。

その後に続く論争――ロマン・ロランはそれを「二つの世界の間の闘い」と呼んだ――は、にわかにおなじみに見える分割線に沿って、フランス社会を分断した。ドレフュスの有罪を主張する連中は当時のオルタナ右翼――今ならポーランドの「法と正義」かフランスの国民戦線、もしくはQアノンの信奉者たち――である。彼らは、極右によるネット荒らし行動の一九世紀版であるフランスのイエロー紙誌のどぎつい見出しを使って、故意に陰謀説を売り込んだ。ドレフュスの頭からヘビが現れる――古い反ユダヤ主義の比喩――ポスターや、彼を尻尾の折れた動物として描く漫画を刷った。これは、その用語が使用される以前の時代の人種差別的「インターネット・ミーム」〔ネットユーザーの間で次々と加工され、拡散していく行動や考え〕だ。彼らの指導者は軍の栄誉を守るためにうそをついた。彼らの追随者たちは、ペテンが暴露されたあとでも、ドレフュスの罪を――そして自らの国家への絶対的忠誠を――確信することに拘泥した。

彼らにこの忠誠の維持を説くため、一九世紀の知識人の迎合集団は、客観的真実に対する責任を捨てなければならなかった。ドレフュスはスパイではなかった。彼がスパイであることを証明するために、反ドレフュス派は証拠、法律、正義、そして理性的思考さえも軽んじなければならなかった。レンブラントを理想化したラングベーンのように、しまいには科学そのものを攻撃した。科学が近代的、普遍的であるがゆえに、また科学が祖先と場所に対する情緒的崇拝と衝突するがゆえに、である。「あらゆる科学研究に」と、ある反ドレフュス派は書いた。「あてにならず」そして「本質的でない」ものがある、と。彼らはまた、ドレフュスを擁護する人びとの人格、人柄、正当性、そして愛国心を攻撃した。そうした人びとは「愚か者」で「よそ者」、フランス市民にふさわしくないと。

反ドレフュス派は「真のフランス人」、「外来の」不実なエリートとは反対の、真のエリートを自称した。指導者の一人、エドゥアール・ドゥルモンは新聞『ラ・リーブル・パロール』(「自由言論」)を創刊したが、同紙は反資本主義であるとともに反ユダヤ主義であり、二〇世紀の、そして実は今日の国家社会主義の権威主義者の先触れだった。彼はユダヤ人がフランス軍とフランスの勢威、そしてフランスそのものの破壊を企てたと非難した。

一方、ドレフュス派は、国家諸機関への忠誠より高度ないくつかの原則があり、実はドレフュスが有罪か無罪かこそが問題なのだと論じた。なによりも、フランス国家は宗教にかかわらずすべての市民を平等に扱う義務があると論じた。彼らも愛国者だったが、別種のそれだった。彼らは国家を、民族集団としてではなく、一連の理念──正義、誠実、客観性、司法の中立性──の具現だと考えた。その愛国主義は理性的愛国主義であり、より理念的で理解が難しいけれども、それなりのアピール力がないことはなかった。一八九八年に発表された、エミール・ゾラはその熱烈さで有名なエッセー『わたしは弾劾する』で、自分はドレフュスに対する事件をでっち上げた者たちに個人的恨みはないと言明。そうではなく、「わたしにとって、彼らは社会悪の実質、精髄にすぎない。そして、わたしがここで遂行しつつある行為は、真実と正義の爆発を促進するための一つの革命的手段にすぎないのである」と書いた。

　これら二つの国家ヴィジョン、「われわれは何者なのか」についての不一致は、フランスを真っ二つに分断した――あるいは、おそらく、急速に工業化、近代化するフランスの表向きの平穏さの水面下にもともとあった分断を露見させた。怒りが燃え上がった。社交上の贔屓（ひいき）筋が変わった――そして、招待客のリストが入れ替わった。大作『失われた時を求めて』の後の方の巻で、マルセル・プルーストはドレフュス事件が交友関係を壊し、社交界を様変わりさせた様子を描いている。物語中のある上流婦人は、貴族サロンの仲間入りを認められるために反ドレフュス派になり、サロンのメンバーたちは彼女がユダヤ人と結婚しているがゆえに、彼女のことを「二重の価値をもっている」と考える。もう一人は、ドレフュス派のサロン主催女性のご機嫌をとり、「自分の出入りする社交界の人びとはおばかさんばかりだと言い放った」〔訳語は集英社文庫版による〕。風刺画家カランダッシュの有名な風刺漫画には、夕食を食べる家族が登場する。最初のコマでは全員が礼儀正しく座っている。二番目のコマではけんかし、取っ組み合い、食べ物を投げ、家具を壊している。キャプションには、「彼らはそのことについて話しはじめたのだった」とある――ドレフュス事件のことだ。フランス初のユダヤ系首相レオン・ブルムは、この論争を「フランス革命や第一次世界大戦と激しさでは同一」と回想している〔『ドレフュス事件の思い出』邦訳、創風社〕。

　最後にはドレフュスが勝った。ドレフュスは一八九九年に本国へ連れ戻された。一九〇六年に正式に放免された。その同じ年、ゾラの『わたしは弾劾する』を自らが編集発行人を務める新聞に掲載したジョルジュ・クレマンソーが、フランス首相になった。プルーストの小説の終わりの数節の一つで、物語の語り手は長い病のあと田舎から戻り、だれもドレフュスのことを話していないこと――「この名前は忘れ去られてしまった」――、そして付き合い関係がふたたびがらりと変わったことに気づくのである。

だが、勝利がいつまでも続くことはなかった。二〇世紀初め、反ドレフュス派の反発が再び勢いを得る。パリの学生たちはドレフュス事件の結末を拒絶しはじめた。代わりに彼らは、歴史家トム・コナーが言うように、「家族、教会、国家といった伝統的価値観に基づく」あからさまに「保守的な見解」を取った。一九〇八年には――これはエマ・ゴールドマンがアメリカの愛国主義の存在そのものに疑問を投げかけた年だ――、著名な反ドレフュス派のシャルル・モーラスが創始した親ファシストの「アクション・フランセーズ」が、歴史家アメデ・タラマに対するヘイトキャンペーンを組織した。モーラスは、バンダが知識人の一人に挙げているが、彼はタラマがジャンヌ・ダルクの宗教的ヴィジョンは神からの聖なるしるしではなく、単なる幻聴だった可能性がある、とあえて示唆したことに怒っていた。活動家の一団が、ソルボンヌで講義中のタラマを攻撃し、彼は身を隠さなければならなくなった。モーラスは結局、一九四〇年以後ヒトラーに協力したヴィシー政権と手を組んだ――むろん、「フランス第一」のスローガンを使ってである。

政治の車輪は再び回る。ヒトラーは打倒され、ヴィシー政権は放逐された。モーラスは裁判にかけられ、売国奴として有罪を宣告された。シャンドマルス広場のあの有名な光景から半世紀以上、モーラスは評決を聞くと、「セ・ラ・レヴァンシュ・ドゥ・ドレフュス!」(これはドレフュスの復讐だ!)と叫んだ。

戦後、もう一つの異なる国家像、すなわち理性的思考と法の支配、そしてヨーロッパとの統合を基礎とした国家像が今日まで優勢だった。だが、ドレフュスの名を汚し、ヴィシー政権に合流し、「フランス第一」のために戦おうとした知識人の精神は生き続けている。古(いにしえ)の土着の象徴と英雄――とりわけジャンヌ・ダルク――を喚起させるマリーヌ・ルペンの「フランス人のためのフランス」というナショナリズムと、マリオン・マレシャルの社会的保守主義はいま、公正な裁きと法の支配をはじめとする一連の理念的価値観をいまも支持する共和国フランスという、エマニュエル・マクロンの広いヴィジョンと対峙している。時として、この争いは暴力を伴う。「ジレ・ジョーヌ」は黄色ジャケットを着た反既成支配層の無政府主義者だが、二〇一九年春にパリで暴動を起こしたとき、共和国を表わす女性の象徴で理念的国家の具現でもあるマリアンヌの像を破壊した。

ドレフュス事件は単発の有名な事件によって引き起こされた。たった一つの裁判事件――一つの論争を呼ぶ裁判――が、それ以前は互いに意見が一致しないことにほとんど気づいていなかったか、あるいは少なくとも、そのことが問題であることに気づいていなかった人びとの間に、解決不可能な分断があることを明るみに出した。二〇年前、「ポーランド」をめぐる異なる理解はすでに存在していて、それが偶然と環境、個人的野心によって激化するのを待つばかりだったにちがいない。同様に、トランプが大統領に選出される以前、「アメリカ」とは何かについて、異なる定義が提出されていた。わたしたちはアメリカ人であるとは何なのかをめぐって、移民排斥の民族主義的定義に力強く反対する内戦を戦いはしたものの、それは二〇一六年によみがえるまで生き延びていたのだ。ブレグジットの国民投票とその後の混沌とした論争は、長年「ブリテン」という広い定義のなかに隠されてきた

「イングランド」と「イングランドらしさ（イングリッシュネス）」についてのある種の古い考えもまた、強力なアピール力を保っていることを証明している。Ｖｏｘ支持が突然高まったのは、スペインのナショナリズムがフランコの死とともに消えはしなかったことを示すしるしだ。冬眠に入っていただけなのである。

一八九〇年代のフランスであれ、一九九〇年代のポーランドであれ、こうした論争はすべてその根幹の部分に、本書の中心にある諸問題がある。すなわち、国民（ネーション）を定義するのは何なのか？　それを定義するのはだれなのか？　「われわれ」とはだれなのか？　わたしたちはこれまで長きにわたって、そうした問題は解決されたと思ってきた——だが、いったいどうして解決されたというのだろうか？

二〇一九年八月、わたしたちはパーティーを開いた。今度のパーティーは夏場であり、雪と橇遊びに代わって、草地での日光浴と池での水浴を楽しんだ。花火ではなく焚火をした。だが、気候だけではなかった。ポーランドの成功——経済面、政治面、文化面での成功——によっても、一九九九年の大晦日とは様相がちがっていた。この度は、利益を上げるベーカリーチェーンのオーナーである地元の友人が食べ物を準備してくれ、それはわたしたちが二〇年前にこしらえた大桶のビーフシチューよりはるかに上等だった。地元出身の元国会議員である別の友人がたまたまエレキギター奏者で、何人かの仲間に演奏を依頼してくれた。だからカセットテープではなく生演奏である。客の一部は近隣の町ナクウォ・ナド・ノテチョンの複数のホテルに泊まったのだが、ホテルの一つは地元の実業家が一種の物好きで見事に改装したかつてのビール醸造所だ。今度もわたしは客の宿泊場所リストを作成したのだが、すべてはずっと簡単だった。一九八九年あるいは一九九九年でも考えられなかったようなあらゆる贅沢品――ポータブル音響装置、あるいはバルサミコ酢――がいまでは広く手に入るし、毎週無数のポーランドのパーティーや結婚式で使われている。

客の何人かはなじみがあった。一九九九年にニューヨークから来た友人は、二〇一九年の今度は、夫と息子を連れて再びやって来た。あるポーランド人夫婦は、成長し結婚した子どもたちを連れずにやって来た。ワルシャワからの来訪組には、かつての「右派」であったはぐれ組仲間と、二〇年前なら招くことなど夢想もできなかった人が何人かいた。かつて「左派」と呼ばれた側に属していた人びとである。この間の歳月に、わたしたちは何人かの友人を失ったが、新しい友人を得もした。

ほかの人びともいた。そのなかには村の隣人、近隣の複数の町の町長、そして今回もヒューストン、ロンドン、イスタンブールから飛んできた少数の外国の友人たちがいた。パーティーの途中で、わたしは地元の森林警備隊員がスウェーデンの元外相カール・ビルトと熱心に討論しているのに気づいた。わたしの夫はカール・ビルトとともに、数年前にEUとウクライナの東方パートナーシップ〔旧ソ連諸国との協力関係の枠組み〕を創設していた。これもパーティーの途中で、わたしは、一九三〇年代のポーランドの悪名高いナショナリストの孫であるよく知られた弁護士が、ロンドンに拠点を置くガーナ生まれの友人との話に夢中になっているのに、気がついた。過去二〇年の間に世界は、彼ら全員がポーランドの田舎の同じ庭で邂逅するまでに縮んでいたのである。

わたしはまた、「サムウェアズ」対「エニウェアズ」――一つの場所に根付いていると思われる人びとに対して、移動する人びと。「地方的」と思われる人びとに対して、「国際的」と思われる人びと――という、不正確で誇張した世界の分け方が完全に破綻したことにも気づいた。わたしたちのパーティーでは、だれがどちらの分類に入るのかを判別することは、とうていできなかった。ポーランドの無名の田舎に住む人が、そうではない人と嬉々として話しているのだ。結局のところ、根本的に異なる生活背景をもつ人びとが仲良くやっていけるのは、大方の人がもつ「複数の帰属意識(アイデンティティーズ)」が、この単純な二元性を越えて広がっているからなのだ。一つの場所に根付きながらも、世界に目を開くことは可能だ。地方的な物事と同時に、グローバルな物事を気遣うことは可能なのである。

招待客の一部は、一九九九年には生まれてもいないか、生まれたばかりだった。これはわたしたちの息子たちの学校や大学の級友。ワルシャワ、ビドゴシチ、コネティカット、ロンドン南部から来たポーランド人やその他のヨーロッパ人、そしてアメリカ人という刺激的な混合集団だ。彼らは列車でやって来て、床上や、ある一人などは戸外のハンモックで寝た。湖で泳ぎ、翌朝遅くまで寝て、再び湖で泳ぐ。彼らは英語とポーランド語を交ぜてしゃべり、同じ音楽に合わせて踊り、同じ歌を知っていた。どんな文化的差異も、どんな深刻な文明の衝突も、どんな橋渡し不可能な帰属意識の溝も、彼らを隔ててはいないようだった。

ポーランド人であると同時にヨーロッパ人であると感じ、都会にいるか田舎にいるかに拘泥しないこの十代の若者たちは、ひょっとすると、なにかほかのこと、もっとすばらしいこと、わたしたちがまだ想像できないなにかの先駆けなのだ。たしかに彼らのような人はほかにもたくさんいる。しかも多くの国に。例えば、わたしは最近、スロヴァキアの新大統領ズザナ・チャプトヴァーに会った。環境問題に詳しい田舎町出身の弁護士で、彼女はまったく異なる問題——環境、汚職、警察改革——に関心のある人びとの連合を——Ｖｏｘのように——束ねて国政選挙に勝った。わたしはまた、幸運にもアゴン・マリキに会うことができた。美術や映画、教育を通して自由の理念と民主主義の文化を促進しているコソヴォ人の若者である。「欧米が数十年の闘争として体験したことが、僕たちには一片の紙としてやってきた」と彼は言う。彼の目標は、その一片の紙に書かれた理念が一般の人びとにとって本物と思えるようにすることだ。わたしは歴史学を学ぶスイスの学生フラヴィア・クライナーのポッドキャストを見た。彼女はスイス版の復古的ノスタルジアにうんざりし、それに抵抗しようと決めた。何人かの友人とともに、自らを「一八四八年の子どもたち」――スイスの自由革命の末裔――と宣言し、オンラインとオフラインで別種の愛国主義を宣伝しはじめ、いくつかのナショナリスト的国民投票の敗北に貢献した。ヨーロッパとアメリカ、そして世界は、より公正で開かれた世界の住み方について、創造的で興味深いアイデアをもつ人びと――都会の人と田舎の人、国際的な人と地方的な人――に満ちている。

彼らが克服しなければならない障害は多い。新型コロナウイルスがヨーロッパと世界に広がっていた二〇二〇年春、彼らの抱くグローバルな楽観気分は――どのようなグローバルな楽観気分も――にわかに無邪気に見えた。三月一三日――実は、一三日の金曜日だった――、夫はポーランドの自動車専用道路を走っていてラジオニュースをつけ、国境が二四時間後に閉鎖されることを知った。彼は車を道路わきに止め、わたしに電話してきた。わたしは数分後にはロンドンからワルシャワ行きの航空券を買った。翌朝、ヒースロー空港は、ワルシャワ便を除いて不気味にがらんとしており、ワルシャワ便は最後の民間航空便の一つで帰国しようとする客で満席だった。チェックインの間、係員たちはポーランドのパスポート（わたしは所持していた）か、居住証を所持していない客の搭乗を拒んでいた。次いで、新規則が発効するのは午前零時だということを知り、そこで客室係の一人とポーランド人ではない乗客二人の会話が耳に入った。「再び出国できなくなるかもしれないことをご承知おきくださ い。ワルシャワに長期間とどまることになるかもしれないことをご承知おきください……」

その日、わたしたちは米国にいる大学一年の息子に電話し、空港へ行くように言った。彼は大学が閉まったあと、友人や家族のところに滞在する計画だった。それを取り止めて、ベルリン行きに接続するロンドン行きの最後の便の一つに、三〇分以内に乗りなさいと、わたしたちは指示した。息子が日曜日にヨーロッパに着いたころには、ポーランドはすべての公共交通機関に対し国境を閉鎖していた。息子はベルリンからポーランド国境の町、フランクフルト(オーデル河畔)まで列車で行った。そこで下車し、まるで冷戦時代のスパイ交換映画のように、旅行鞄を持って、国境に架かる橋を徒歩で渡った。路上の防塞と銃を携えた兵士、危険物取扱用の服を着て体温を測る係員たちを目にし、分けても、大陸ヨーロッパでは国境を見たことがなかったために驚いた。夫が彼を国境の反対側で拾った。もう一人の息子は、大西洋の反対側に何週間も閉じ込められてしまった。

見たところ無計画なポーランド政府の国境閉鎖決定は、大々的な混乱を引き起こした。ポーランド国民はいたるところで足止めされ、政府は彼らを帰国させるチャーター便を手配せざるを得なかった。ウクライナ、ベラルーシ、それにバルト諸国の数千人の市民——トラック運転手や帰国しようとする旅行者を含む——が、近場の野原をトイレ代わりにして、ポーランド=ドイツ国境に車で列をなした。国境警備兵がポーランド人以外のトイレ使用を拒否したのだ。ドイツ赤十字は飲食物と毛布を配給していた。こうした厳しい劇的な措置がウイルスを食い止めることはなかった。伝染病はすでに広がりはじめており、国境閉鎖のあとも広がり続けた。ポーランドの病院はたちまち満床になったが、その理由は第一に、ナショナリスト政府の物言いのために過去五年間、経験のある医師たちが国を離れてしまったからだった。だが、大混乱にもかかわらず――あるいは、おそらく大混乱のゆえに――国境封鎖は大いに支持された。国は何かを**や**っ**て**い**る**のだから。そして、これはこの先起きることの予兆であるかもしれないのである。

歴史上、パンデミックは国家権力の拡大につながってきた。人びとが死を恐れるとき、彼らは、是非はさておき――それが自由の喪失を意味するとしても――、それによって自分たちが救われると信じる措置に賛同する。英国やイタリア、ドイツ、フランス、米国、その他多くの国で、家にとどまる必要があるという合意があった。隔離を強制する必要があるとの合意があった。警察が例外的な役割を果たす必要があるとの合意があった。だが、いくつかの国では、病気に対する不安が、現代生活がもつ他の諸々の不安な側面とあいまって、新世代の権威主義的ナショナリスト総体にひらめきを与えた。ナイジェル・ファラージ、ローラ・イングラハム、マリア・シュミット、それにヤツェク・クルスキが、スペインのVoxのために働くネット荒らし屋、あるいはアメリカのオルタナ右翼とともに、すでにその種の変化のための知的基盤を用意していた――そして、そのとおりになった。三月末、ハンガリーの首相オルバーンは、首相の布告によって統治し、ウイルスとの戦いで当局を非難したジャーナリストを逮捕、投獄する権限を政府に与える法律を成立させた。こんな措置の必要はまったくなく、ポーランドの場合と同様に、投資不足と医師たちの国外移住のために負荷が過重になったハンガリーの病院を助けることにはならなかった。狙いは、この措置を使って論争を封じることにあった。

反対する野党政治家は国営メディアから「ウイルスの味方」としてやじられた。

一つの転換点なのかしれない。もしかすると、わたしの子どもと友人たちは――実は、考えていることを堂々と言え、理性的論争が可能で、知識と専門的技術が尊重され、国境が容易に越えられるような、そんな世界に住み続けたいと思っている友人たち全員、わたしたち全員が――歴史上の多くの難局の一つを演じているのかもしれない。わたしたちは、きらびやかな多民族のハプスブルク時代のウィーン、あるいは創造的で退廃的なワイマール時代のベルリンのように、無へと押し流されるかもしれない。わたしたちはすでに民主政治の黄昏を生きている可能性がある。古代の哲学者やアメリカの建国の祖たちが恐れたように、わたしたちの文明はすでに無秩序と専制政治に向かっている可能性がある。二一世紀には、新世代の知識人たち、反自由主義的・権威主義的理念の擁護者たちが、ちょうど二〇世紀にそうであったように、権力を握る可能性がある。遺恨と怒り、あるいは深いメシア的夢想から生まれた彼らの世界ヴィジョンが勝利しかねない可能性があるのだ。もしかすると、だれが統治するかが暴力によって決するまで、新しい情報テクノロジーがコンセンサスを棄損し、人びとをいっそう分断し、分極化を推し進め続けるかもしれない。病気に対する不安が、自由に対する不安を生むかもしれない。

あるいは、もしかすると、コロナウイルスが新しい世界的な連帯感を生むかもしれない。わたしたちは諸々の機関を刷新し、現代化することになるかもしれない。全世界がロックダウン、隔離、感染の恐怖、死の恐怖という同じ経験を同時に経験したあとで、国際協力が拡大するかもしれない。世界中の科学者が政治を超えて、新たな協力の道を見出すかもしれない。病気と死という現実が、詐欺的宣伝屋とうそつき、そして虚偽情報を広める輩を疑うことを人びとに教えるかもしれないのである。

腹立たしいことだが、わたしたちは両方の未来があり得るということを受け入れなければならない。いかなる政治的勝利もこれまで永久であったことはなく、いかなる「国民」の定義も永続が保証されてはいず、いわゆる「ポピュリスト」であれ「リベラル」であれ「貴族」であれ、いかなるたぐいのエリートも永遠に統治することはない。古代エジプトの歴史は、長い時を隔てて眺めれば、似たり寄ったりのファラオの退屈な物語に見える。だが、もっと近寄って見ると、文化の開明期と専制の暗黒期がある。わたしたちの歴史もいつかそのように見えることだろう。

本書はジュリアン・バンダから始めた。一九二〇年代に書き、来たるべき動乱を予測したフランス人である。締めくくりはイタリア人にしたい。一九五〇年代に書き、すでに一生涯以上に匹敵する動乱を生きた人だ。小説家のイニャツィオ・シローネが、*The Choice of Comrades*〔『同志の選択』〕を書いたとき、今の私とちょうど同い年だった。これはなかでも、非常に多くの失望と敗北を味わったのに、なぜ自分がまだ政治にかかわっているのかを語ろうとしたエッセーである。シローネは共産党に入党し、離党していた。彼は最初ファシズムに協力した可能性があり、その後それも拒絶した可能性があると考える向きもある。何度かの戦争と革命を体験し、幻想を抱き、次いで幻滅。反共主義者で反ファシストとして著作活動をした。二種類の異なる過激主義政治の行きすぎを見ていた。それでもなお、戦いは続ける価値があると考えた。獲得すべき安らぎがあるからではなく、建設すべき完全な社会があるからでもなく、無関心は活気をそぎ、精神を鈍らせ、気分を滅入らせるからである。

シローネはまた、今日のように極右および極左の両方がいて、異なる種類の過激主義者すべてが同時に叫ぶ時代に生きていた。同胞の多くが「政治家はみんな詐欺師だ」とか「ジャーナリストはみんなうそをつく」、「なにも信じられない」と断じるという反応を示した。戦後のイタリアでは、この形の懐疑主義、反政治、そして無信仰主義は「クアルンクイズモ」〔無関心主義、成り行き主義などと訳される〕の名を頂戴した。シローネはその影響力を見ていた。「政治体制は登場しては消える」と彼は書いた。だが、「悪い習慣は残る」——そして最悪の習慣はニヒリズム、すなわち「それに免疫のある者か、あるいはそれから回復した者によってのみ診断され得るものの、大方の人間はそれが完全に自然なありように合致していると考える（『これまでつねにそうだった、今後もつねにそうだろう』）がゆえに、気づくことのない精神の病」なのだと。

シローネは万能薬も奇跡の解毒剤も示していない。そんなものはないのだから。最終的解決法も、すべてを説明する理論もない。より良き社会へのロードマップはない、教訓になるイデオロギーも、ルールブックもない。わたしたちにできることは、味方と友人——シローネがいう同志——を、最善の注意を払って選ぶこと。というのは、彼らと協力して初めて、再び目前にあるさまざま種類の権威主義の誘惑を避けることができるのである。あらゆる権威主義が人びとを分断し、分極化し、敵対する陣営に分けるので、権威主義との戦いは新たな連合を必要とする。力を合わせることで、わたしたちは「自由主義」のような古くて誤解された言葉に、再びなんらかの意味をもたせることができる。力を合わせることで、うそとうそつきたちに反撃することができる。力を合わせることで、民主政治はデジタル社会でどうあるべきかを再考することができるのである。

暗い道のりの遠い目標にたどり着こうと奮闘する難民のように、とシローネは書いている。われわれはどこに着くともはっきり分からないまま、夜を通してゆっくり進むことを強いられているのだ、と。「かつては輝く星座に満たされていた澄んだ古代の地中海の空は、曇っている。だが、われわれに残ったこの小さな光の輪は、少なくともわれわれが次の歩をどこへ踏み出すべきかを知ることを可能にしているのである」。

わたしたちがその次の歩を踏み出したあと何が起きるのかを気遣う人びとと、わたしが非常に多くの時間を費やせたことは幸運だと感じている。

ある人びとにとっては、目下の剣呑さは恐ろしく思われるが、それでもこの不確定性はこれまでつねにあったのだ。ジョン・スチュアート・ミルやトマス・ジェファソン、あるいはヴァーツラフ・ハヴェルは永久的なことはなにも約束しなかった。欧米の立憲民主制のチェック・アンド・バランスは、決して安定を保証しなかった。自由民主体制はつねに参加、議論、努力、闘争といった物事を市民に要求した。自由民主体制はつねに不協和音と混乱に対するいくらかの忍耐と、不協和音と混乱を生み出す者たちに対抗するいくらかの意欲を求めたのだ。

自由民主体制はつねに、機能不全の可能性を認識していた——計画を変え、人生を変え、家族を崩壊させる機能不全である。歴史が再びわたしたちの個人生活に手を突っ込み、それを再編する可能性があることを、わたしたちはつねに知っていた。いや、知っていたはずだ。国家についての諸々の代替ヴィジョンがわたしたちを引きずり込もうとすることを、わたしたちはつねに知っていた。いや、知っていたはずなのだ。だが、おそらく、わたしたちは気づくだろう。その闇の中を慎重に進みながら、力を合わせればそれらに抵抗できるのである。

謝辞

クリスチャン・キャリル、ダニエル・クリッテンデン、デーヴィッド・フラム、カレン・マーフィ、クリスティナ・オドン、ピョートル・ポメランツェフ、アレクサンダー・シコルスキ、ラデック・シコルスキ、クリスティナ・ホーフ・ソマーズ、ジェイコブ・ワイスバーグ、それにレオン・ウィセルティアの各氏が本書の下書きないしは草稿を読んでくれた。そのことにとても感謝している。ジェフ・ゴールドバーグは本書の動機になった『アトランティック』誌の記事を発注してくれ、スコット・ストッセルとデニス・ウィルスその他の『アトランティック』誌編集チームは、わたしが本書の構想を具体化するのを助けてくれた。『ワシントン・ポスト』紙論説面担当のフレッド・ハイアットとジャクソン・ディールは、本書のなかのスペインに関する部分になった調査と報道のために、わたしをスペインへ派遣してくれた。さらに重要なことに、本書にあるその他の着想の多くは最初、わたしが過去二〇年間に『ワシントン・ポスト』に書いたコラムで探求したものである。

本書は大西洋をまたぐ同じ編集チーム、すなわち、ロンドンのスチュアート・プロフィット、ニューヨークのクリスティン・プオポロ、それに同じ著作権代理人である伝説的なジョージ・ボルシャートの手になる四冊目の著作である。全員が以前とは非常に異なる企画である本書に、とても辛抱強くつきあってくれ、わたしは彼らの献身をありがたく思っている。巻末注の編集を手伝ってくれたマリアン・ウォリックと、制作および校閲を支援してくれたダニエル・マイアー、アリス・スキナー、そしてノラ・レイチャードにお礼を申し上げる。

訳者あとがき

今年一月、アメリカ連邦議会をトランプ支持派が襲った事件は、本書が描いているような権力に伴走する一部のテレビとネット上で拡散する虚偽の勢いを知れば、それほど驚きではなかった。懸念が現実になったにすぎない。あの程度の騒動でひとまず収まったことは、むしろ僥倖というべきだろう。アメリカに限らない。東ヨーロッパでは冷戦末期に脱共産化で先頭を走っていたポーランドとハンガリーの政治がいま、法治のルールを冷笑する政権によって根腐れしている。民主政治の退潮とそれに必然的に付随するネポチズム。政権が司法と主要メディアを支配し、ポーランドでは国政野党系市長が殺害される事件まで起きている。そして、これも野党政治家が殺害された、民主政治の代表格であった英国のEU離脱をめぐる混乱。世界はたしかに病んでいる。この時代の病理はどう理解すればいいのだろうか。

本書はアメリカのジャーナリストで歴史ノンフィクション作家のアン・アプルボームが、民主政治の衰退と権威主義の台頭をアメリカとヨーロッパの現場で見つめた報告 *TWILIGHT of DEMOCRACY:*

The Seductive Lure of Authoritarianism（Doubleday, 2020）の全訳である。昨秋のアメリカ大統領選挙以後の状況変化をふまえ、とくに日本語版のための序文が寄せられている。著者は英米両国の新聞、雑誌などでの報道・論評記事で欧米言論界ではよく知られており、旧ソ連・東欧を主なテーマとするその著作は、日本でも『グラーグ：ソ連集中収容所の歴史』（二〇〇四年ノンフィクション部門のピュリツァー賞受賞）、『鉄のカーテン：東欧の壊滅1944-56』（上下巻）がいずれも白水社から翻訳刊行されている。

二〇一〇年代から世界各地で顕在化してきた民主政治の危機の根源はどこにあるのだろうか。それが本書の問題意識である。

二〇一七年に「アメリカ第一」のトランプ政権が発足すると、歴代の民主・共和両政権とはきわめて異質なアメリカの登場に世界は狼狽した。第二次世界大戦後のヨーロッパから見れば、二〇世紀の初めこの方、アメリカは二度の大戦でヨーロッパに駆けつけ、米ソ冷戦期を通して世界の安定の重りになってきた国である。その国が不安定化と懸念の原因になる時代が来ようとは、だれも想像できなかった。アメリカが大国であるがゆえにトランプ政権の登場は世界の耳目を集めたのだが、憲法秩序、法の無視と政権周辺の関係者への利益供与を図るネポチズムの蔓延は、いくつかの国ですでに見られていた現象である。日本も例外ではない。世界各地に見られる民主政治の退潮は、同じ時代土壌から生まれた現象ではないか――そう直観は教えるが、この世界的な現象の共通項は何なのだろうか。

政治とは畢竟人間の営みだ。著者は、政治学的理論ではなく現場での人間観察から得た事実に語らせることによって、「民主政治の黄昏」の正体をあぶりだそうとしている。批判の俎上に乗せられるのは、ジャーナリストや言論人、政権のメディア担当アドバイザーなど、かつて著者自身が属していた反共保守陣営を知的側面で支えていた人びとの一部の変貌ぶりである。そうした人びとは本書中ではジュリアン・バンダの『知識人の裏切り』を援用して、「クレール」と呼ばれる。（訳文中では知識人と傍点で表記した）。何が彼らを権威主義の方向へ退行させてしまったのか。著者自身が冷戦時代に「左」ではなく「右」に属し、英米の保守論壇と政界に広い人脈をもっていて、その保守派知識人の一部が権威主義に迎合していった軌跡を体験的に記述している。権威主義への傾斜には冷戦の終結という世界的な構造変化と個々の国の歴史、そこに生きる人びとの心理などさまざまな要因が絡みあっている。著者はそれをバンダのほか、ハンナ・アーレント（『全体主義の起源』）、フリッツ・スターン（『文化的絶望の政治』）、ジャン＝フランソワ・ルヴェル（『全体主義の誘惑』）らの著作を参照しながら解きほぐし、欲望と遺恨、ノスタルジア、コミュニケーションの変容を切り口として、権威主義に向かう知識人たちの姿を多角的に描き出している。

簡潔で明瞭な報告であり、訳者が多言を費やすまでもないが、読後の雑感を個人的体験も含めて記してみたい。

著者はポスト共産主義政権で外相を務めたポーランド人男性と結婚しており、生活基盤の一部はポーランドにある。旧ソ連圏に属した東ヨーロッパ諸国のうち、民主化の優等生だったポーランドとハンガリーがいま、よりによってもっとも右翼的な権威主義体制に変わってしまったのはなぜか。この疑問への回答の糸口は、著者一家がポーランドの田舎で開いた一九九九年の大晦日パーティーの回想から始まる。当時、中道右派に属していたパーティーの出席者の一部が約二〇年後の今日、権威主義の極右政権を支持しているという。例えば、あるジャーナリストは反LGBTキャンペーンを張る雑誌で働いている。パーティー客ではなかったが第2章に野心家として登場する人物は、ポスト共産主義社会で重用されなかったゆえに恨みと嫉妬心を抱き、主流派を貶めるネガティヴ・キャンペーンに手を染めた。それが右翼政権下で国営テレビの社長に抜擢されると、経験に富んだジャーナリストたちを解雇し、右翼ブロガーに入れ替える。それは有能な人びとに対する復讐でもあった。権威主義の底流に、民主化過程で望みどおりの処遇を受けていないと感じていた人びとのルサンチマンがあるという見立てには、なるほどとうなずける。

もう三〇年も前のことだが、一九九〇年一二月九日夜、当時通信社で働いていたわたしは、レフ・ワレサ（ポーランド語の発音はヴァウェンサ）が当選を決めた大統領選挙を観察するため、グダニスク（同じくグダインスク）の旧「連帯」本部にいた。驚いたのは会議ホールに詰めかけた支持者が、一部を除き、とても若いことだった。八〇年代以前の「連帯」運動を自分の肌身では体験していないはずの若者たちも多数いた。わたしは中国文化大革命期の紅衛兵を連想し、どこか居心地が悪かったことをよく憶えている（国営テレビのボスになった人物も、無名の活動家としておそらくこのなかにいたのではなかろうか。彼の兄はすでにワレサから離れていた）。初の自由選挙による大統領選はワレサの奪権闘争だった。遺恨はワレサ自身にもあっただろう。共産党独裁下での自主管理労組「連帯」の闘いと成功は、反体制派知識人層とワレサが率いる労働者運動が見事にかみ合った結果でもあったが、前年に共産党独裁が終わったあと、目前の敵を失った「連帯」は早くも分裂していた。初代の「連帯」主導政権を率いたタデウシュ・マゾヴィエツキを支持する知識人グループと、ワレサ派が対立し、大統領選ではワレサが勝った。その後の離合集散を経て、おおざっぱに言えばこの対立は今日の最大野党「市民プラットフォーム」と与党「法と正義」に源流でつながっている。「法と正義」の現党首カチンスキは当時のワレサ派の中道同盟議長を、ワレサ当選後は大統領府長官を務めたが、強烈な「反共」を主張し続け、やがてワレサとも離反した。

一九八九年の体制転換以降、当初新時代を担う主流として立ち現れたのは、首相を務めたマゾヴィエツキ、イェジ・ブゼク、ブゼク内閣で外相を務めたブロニスワフ・ゲレメク、「選挙新聞」を創刊したアダム・ミフニクら知識人層だった。九〇年代のポーランドは旧連帯系と、社会民主主義に転換した旧共産党系の政権交代を繰り返しながら、経済政策はかつての国家管理から急激な市場主義へ転換した。補助金削減、消費財価格の自由化、外資導入などおおむね新自由主義路線にしたがう経済運営である。劇薬の投与にもたとえられる改革は一定の成果を収めたと評価されたが、政治の民主化と経済の自由化は当然、競争と選別の結果、不遇をかこつ層を生み出す。旧共産党系が生き残ったことへの不信もある。この転換期にあまり日の当たる場所を見つけられなかった人びとが一種の恨み、嫉妬を抱き続けたとしても不思議はない。この過程で形成されたのがカトリック信仰と結びついて同性愛反対、中絶反対など反自由主義的価値観、伝統的家族観を全面に打ち出すカチンスキの「法と正義」だった。「二〇年前、『ポーランド』をめぐる異なる理解はすでに存在していて、それが偶然と環境、個人的野心によって激化するのを待つばかりだったにちがいない」（一七四ページ）とする著者の指摘は正鵠を射ている。

「法と正義」は二〇〇五年からの短期の政権担当に続いて、二〇一五年の総選挙で二度目の政権に就いた。共産政権の崩壊後、はじめての単独政党による過半数だった。もともと人材豊富な政党ではない。政策で競争するより、国営メディアや司法など国家機関を身内で固める道を選んだ。かつての共産党の手法と同じ国家の乗っ取りである。著者が「大文字の『党』」（一七ページ）と呼ぶのはこのためだ。

ハンガリーでもポスト共産主義の軌跡は似通っている。社会党（旧共産党）が一九九〇年の初の自由選挙で政権を失ったあと、二〇一〇年までのほぼ二〇年間は主として民主フォーラム、社会党、自由民主同盟の間の連立で政権交代が行われていた。ところが、二〇一〇年に政権を奪回したフィデスの第二次オルバーン政権もまた、二度と権力を手放すことがない体制を築きはじめる。司法とメディアの全面的支配、排外主義的ナショナリズムの発動である。フィデスは共産政権の末期に青年民主同盟として発足し、当初は中道右派の自由民主同盟とも近かったが、自由民主同盟が中道左派の社会党と連立することが多く、フィデスは徐々に右傾化していった。ハンガリーはEUに加盟してはいるが、しばしばEU内での協調に背を向け、民主政治の基準に疑問符がついていることは、本書にあるとおりだ。

時代が人をつくるのだろう。ポーランドにせよハンガリーにせよ、末期の共産党政権指導者には知的で有能な人材が少なくなかった。ハンガリー共産党政権の最後の首相ネーメト・ミクロシュや、新生社会党の初代議長ニエルシュ・レジェら多くの指導者たちに会ったが、議会制民主政治への移行と「ヨーロッパ」への回帰にかける熱意、そして西欧型社会民主主義の理念は明確だった。反体制勢力の側も民主化運動で鍛えられた知識人グループを中心として人材が豊富であり、両者が体制移行期の比較的安定した政権交代に大きな役割を果たした。だが、市場経済への移行は国家による雇用と賃金保障、さまざまな福祉制度の削減・廃止を迫り、社会的格差を拡大させる。世界金融危機（二〇〇七～二〇一〇年）で経済が行き詰まったとき、こうした不満が従来の主要政党ではなく第三の選択肢の伸張を促したのは自然だったろう。

ポスト共産主義の自由主義的競争社会への反動は、しかし、かならずしも競争の負の結果を公正な形で是正する方向には働かない。代わって登場したのが政治面の反自由主義とネポチズムである。非共産化から二〇年以上も経って、もはや「反共」の看板を掲げられなくなったポーランドやハンガリーの政権は、新しい敵として国内ではポスト共産主義時代を担った左右の「既成支配層」を攻撃し、対外的には移民問題などで排外主義をあおる。それが目下のところ、ポーランドやハンガリーに見られるポスト共産主義の行き着いた先なのだろう。

「西側」でも東欧とシンクロするかのような変化が起きている。その現れが英国のＥＵ離脱であり、米国におけるトランプ政権の登場だったと著者は見ている。戦後の政治構造には、左右両派の間に共産主義を共通の敵とする「中道」という共通基盤があった。冷戦の終焉でこの基盤が崩れた。著者自身も味わっていた東欧民主化とソ連崩壊後の米英保守派のユーフォリアは、短命だった。本書が注目するのは、保守派の方向感覚の喪失が英国のＥＵ離脱に落とした影である。モンテスキューが「政府を不断に監視し、自ら自身をも不断に監視している団体がある」（『ローマ人盛衰原因論』）ゆえに、もっとも賢明だと呼んだ英国、民主政治のトップランナーであったはずの英国が、反EU宣伝の洪水に飲み込まれてしまったのはなぜなのか。これはだれもが抱いた疑問だろうが、本書の背景説明を読むと腑に落ちる。

冷戦後、レーガン政権と並び強硬な対ソ外交と強い英国の復権を目指したサッチャーが退場すると、保守派の一部に、英国が世界をリードした時代への強いノスタルジアが生まれたという。保守派の絶望感を決定づけたのはブレア労働党政権の誕生だったと筆者は指摘する。たしかにブレアは就任間もないころ、各国外交団を前にした演説で、英国は大英帝国の夢を捨てなければならないが、主要国の一つとして世界をリードする「ビーコン」（水路標識）になることはできると語ったことがある。当時、この演説のテキストを新聞で読んで大いに驚いた記憶がわたしにはある。大英帝国は無論、もはや歴史でしかないのだが、首相がそれを公然と認めるかどうかはまた別の話である。ブレアはあえてそれを公言した。ブレアは親EUの立場であり、それどころか単一通貨ユーロに参加する可能性も当初から否定していなかった。かつて世界の基軸通貨だったポンドを捨てるのである。保守派の一部が受けたショックは大きかっただろう。

しかし、保守派が抱く懐旧の気分がどのようにして現実のブレグジットに接続していったのだろうか。ここで現首相のボリス・ジョンソンが登場する。ジョンソンは筆者の夫とオックスフォード大学時代の仲間であり、彼が英保守系紙の記者だった時代から筆者とも知り合いだった。ジョンソンは実はブレグジットを信じていなかったという逆説的エピソード（七五ページ）が興味深い。「EU離脱なんてだれも真剣には望んでいないよ」と話し、ブレグジット派は負けると踏んでいたというから意外である。ではなぜEU離脱を支持したのだろうか？　米国生まれで、ヨーロッパ議会議員の息子でもあったジョンソンに大英帝国へのノスタルジアなどあるわけがない。筆者はジョンソンの人格にかぎがあると見る。ブリュッセル駐在記者だった時代にはEU懐疑派への「受け」を狙った虚報記事を書き続け、『タイムズ』時代には捏造記事で解雇され、影の内閣時代にもうそがもとで解任された。経歴が示すとおり、注目を集めるなら虚言でもなんでもおかまいなしという癖があるらしい。要は、目立ちたがり屋の奇矯な人物が登場し、ブレグジットの波に乗ったというのだ。EU離脱論を推進する国民投票運動では、移民危機をあおり、EUによる主権侵害を強調するなど根拠のない情報が、保守系メディアとフェイスブックなどSNSによるターゲット広告を通じて有権者に浴びせかけられた。

現代政治を左右する要因として、ここでコミュニケーションの変容が問題になる。相対的に豊かになった現代社会では、かつてのようなデモとシュプレヒコールに象徴される野外型政治運動はなかなか起きない。政治的意思の表示はマウスのクリックに変わった。産業社会とともに発展してきた新聞・テレビなど従来のマスメディアは、不十分ではあっても公正中立・客観主義の規範を守り、すべての読者・視聴者に議論の土台となる情報素材を、一定のチェックを経たうえで提供していた。伝え方に違いはあっても、伝える事実そのものは似通っていた。意図的な虚報は（まったく、ではないが）ほとんどなかった。読者・視聴者である有権者は、同じ土俵の上で考えることができた。その結果、コンセンサス（日本流に言えば〝落としどころ〟）が見つかった。その土俵がなくなってしまったのだ。例えばアメリカ大統領選でどの政党、どの候補に期待するにせよ、投票結果の数値は「客観的事実」として伝えられ、勝敗の結果はだれもが受け入れた。だが、今回の大統領選でトランプとその支持者は「事実」の受け入れを拒み、彼ら自身が想像した「もうひとつの事実」にしがみついた。マスではなくパーソナルなメディアがもたらした世論の分極化、社会の分断がここにある。

　著者が紹介しているスペインにおける新右翼政党の伸張もその一つだ。右翼とはいっても現代のいわゆるオルタナ右翼は、かつての堅いイメージはなく、ポストモダンの象徴のようにとらえどころがない。ＳＮＳを巧みに操る。彼らのプラットフォームは、現実の社会運動ではなく、若者が没入するソーシャルメディアの世界だ。彼らがアピールするスペイン・ナショナリズムの組成は、ブレグジットと一体になったイングランド・ナショナリズムやトランプの「アメリカ第一」と相似形である。

「だれもが自由に情報を発信できる時代になった」と喧伝されたコミュニケーション革命は、虚偽の洪水を日々吐き出している。うそと真実の間では議論がかみ合わない。相手を罵倒するしかない。ＳＮＳ上を飛び交う粗雑な言語は、同好者の狭い空間で反響、増幅され拡散する。しかも、ネット上の言葉の暴力はだれからも制約を受けることがない。これは、わたしたちが日々目撃している事実だ。昨秋のアメリカ大統領選挙では、トランプは投票前から不正選挙を言いつのっていた。それどころか自分が勝った二〇一六年の選挙でも、一般投票の獲得票数でヒラリー・クリントンに負けた事実さえ受け入れなかった。今回大統領選の米テレビ各局の開票経過をインターネットで見ていると、本書にも登場するフォックス・ニュースの女性司会者は、トランプ陣営の主張をそのまま電波に乗せていた。議会襲撃事件が起きると、さっそく「アンティファ（左翼武装勢力）の仕業だ」と。さらにおぞましいことに、日本語のユーチューブでも有象無象の人物たちが「トランプの勝利」「選挙は不正」とまことしやかに解説する動画を続々とアップしていた。彼らがトランプ陣営と直接つながっているはずはない。おそらく虚偽、虚言であふれかえるネット空間で共鳴しあうことに居心地よさを感じているのだろうか。

いま戦後史を眺めてみると、一九六〇年代後半から始まったカウンター・カルチャーの流れがその後フェミニズム運動、ＬＧＢＴの権利擁護、多文化主義と多様に展開してきたが、本書が取り上げているポーランド、ハンガリー、英国、米国などの新保守潮流の背景には、こうした文化的潮流に対する反動も共通項としてある。民主政治は百家争鳴の議論が前提になっているが、ある程度の知的活力を要する議論に反発するメンタリティーが、コミュニケーション革命を背景に、権威主義への傾斜をうながしている、と著者は考えているようだ。個人的失望からくる「既成支配層」への反発と恨み、漫画化された「歴史」認識とノスタルジア、奇想天外な陰謀論――すべてが、社会を悪くした「敵」を想定し、単純化された世界像のパッケージを各種情報ツールで売り込む。

著者も自ら問いかけているが、なぜほぼ同時期に世界各地で民主政治の劣化が起きているのだろうか。本書はそれを考える材料を提供してくれている。第二次大戦後の世界は一九七〇年代のオイルショックから八五年のプラザ合意のころを境目にして、経済体制が大きく様変わりした。戦後復興と高度成長の果実を享受してきた日本、ドイツはいうまでもなく、安価な原油の恩恵を受けていた先進国全体の経済が急に立ちゆかなくなった。そこで始まったのが、レーガノミクス・サッチャリズムに代表され、新自由主義の名で呼ばれる市場至上主義的経済政策だった。減税、福祉の削減、規制緩和と民営化を柱とする経済運営だが、要は、収益を上げられなくなった資本が標的を足もとに向け、国家による規制と負担を嫌い、公有財産を吸い上げ（現代版共有地の囲い込み）、労働者への分配を極力圧縮したのだ。労働市場の「改革」「柔軟化」は、低賃金の非正規労働を爆発的に増やした。資本が戦後のくびきから解き放たれたわけである。

七〇年代の経済苦境はスペイン、ポルトガルといった西欧に残っていた独裁体制を崩壊させ、続いてソ連・東欧諸国の共産党独裁体制も襲った。ソ連や東欧諸国が膨大な対外債務を積み上げていくのもこの時期だ。結果として、一九八九〜九一年の東欧の脱共産化とソ連崩壊が世界のパラダイム転換を決定的にした。ソ連の消滅は体制間競争という資本主義にとっての政治的重荷も取り払い、資本にいっそうのフリーハンドを与えた。

そしてこの時期、ほぼ並行して衛星放送とインターネットに象徴される情報化時代が到来した。アメリカのニュース専門チャンネルCNNが国際放送を開始したのが一九八五年。八九年のベルリンの壁の崩壊、九一年の湾岸戦争など〝世紀のイベント〟が世界に同時中継された。九〇年代に入るとインターネットが本格的に普及しはじめる。規制緩和と自由市場の拡大という経済の新自由主義は、情報化の流れと相性がよかった。

サッチャーは伝統的な労働運動を破壊し、フォークランド戦争ではナショナリズムに訴え、強い英国の復活を目指した。だが、如何せん、彼女の新自由主義的政策は伝統的な英国の姿を変えた。社会組織が傷つき、個がバラバラになった世界（「「社会など存在しない」」と言い放ったサッチャーの言葉に象徴される）で、「英国」を統合するアイデンティティーとは何なのか。ここに空隙が生じた。個人が孤立した世界では、SNSなどのバーチャルな空間であれ、擬似的結束感を求める欲求が高まるのかもしれない。アイデンティティーの危機がブレグジットの背景にあるとすれば、それがヨーロッパ共同自由市場からの撤退につながる事態は、サッチャーも予測できなかっただろう。

西側経済が新自由主義へ向かった時期、ソ連・東欧もまた市場原理の導入に手をつけた。ゴルバチョフは国営企業の独立採算制（市場的要素）と複数候補制（民主的要素）の導入などペレストロイカとグラスノスチでもってソ連を変革しようとしたが、結果的にソ連そのものが崩壊してしまった。この時期、中国もまた改革・開放という市場原理の導入に、慎重に舵を切った。

冷戦構造が崩壊するころ、自由と繁栄のかぎは議会制民主主義と市場経済にあるとさかんにいわれた。しかし、実は市場経済それ自体は、民主主義を保証しているわけではない。権威主義とも容易に結びつく。プーチンのロシアや中国を見れば分かる。ポーランド、ハンガリーもその例だ。新自由主義の時代が、「第二次世界大戦後に資本主義と民主主義を結びつけた強制結婚の段階的解消過程」（W・シュトレーク『時間かせぎの資本主義』）だったとすれば、各地に見られる民主政治の劣化は市場至上主義がもたらした結果だともいえないだろうか。プラトンは民主政治が必然的に僭主独裁政治に移行するという見立ての中で、「最高度の自由からはもっとも野蛮な最高度の隷属が生まれてくる」と言っている。束縛を解かれた資本の自由、資本の放埒は、権力の放埒ともパラレルの関係にあるのかもしれない。レーガンを支持した著者は同意しないかもしれないが、あえて言えば、新自由主義もまた、「隷属への道」だったのではないのか。

本書は欧米で見られる権威主義を扱っているが、読者は読み進むにつれ、語られる多くの事象がよそ事ではないことに気づくのではなかろうか。たしかに、日本の政治状況を権威主義と呼ぶには、ポーランドのカチンスキやハンガリーのオルバーン、トルコのエルドアン、ロシアのプーチンのような際だった個性を欠いている。だが、発現の仕方がいかにも日本らしく集団的であるにすぎない（戦時中の軍国主義もヒトラーやムッソリーニを欠いていた）。民主政治の劣化は共通している。

かつて強力な野党があり、保守中道から右翼まで幅広い自民党内派閥の存在が擬似的政権交代を演出してもいた。派閥バランスのなかで、官僚機構においても有能な人材を登用するメカニズムがはたらいた。相互監視のなかで汚職、枉法行為の敷居は高かった。その建前さえ目に見えて崩れてきたのが二〇一二年の第二次安倍政権の誕生以降である（ポーランドの「法と正義」、ハンガリーのフィデスもほぼ同じころ、第二次政権から民主政治に背を向けはじめた事実は留意しておいていいだろう）。現憲法下で集団的自衛権の行使を容認するという「解釈改憲」。特定人物の利益を図った可能性が極めて強く、文科行政の元トップ官僚に「行政が歪められた」と言わしめた獣医学部の新設など、疑惑の数々。当の元官僚を標的にした情報操作は本書で紹介されている「Mサイズのうそ」の典型だろう。僭主政治は「(自由に物を言い、事態をとがめる者は)敵味方を問わず、有意の人物は一人も残さぬところまで排除する」とプラトンは言った。ハンナ・アーレントはこれを、「天分に恵まれた人をすべて追い払って、山師と馬鹿を据える」と言い換えた。結果として、権力の周辺に蝟集する者たちの姿を、わたしたちはいやというほど見せつけられてきたのではないか。いまや国会でのうそと説明回避には節制がない。権力にすり寄る〝評論家〟や〝ジャーナリスト〟など知識人にも事欠かない。

権力の放埒は法の恣意的解釈と運用を招く。米軍普天間基地の辺野古移設問題をめぐって、辺野古沿岸部埋め立て許可を取り消した沖縄県の処分に対し、政府（防衛省）が行政不服審査法に基づいて政府（国土交通省）に不服審査を申し立てるという、明らかに立法の趣旨をねじ曲げる茶番が行われた。行政行為によって不利益をこうむった弱者に、その見直しを求める道を残すための民主的歯止めが、強者によって恣意的に逆用されたのである。こうした法規範の無視は地方も確実にむしばみはじめているのではないか。某温泉町では町長による性被害を訴えた議会でただ一人の女性議員が、町長を支持する町議会多数派が主導するリコール運動の結果、議会を追われた。一般に住民が首長や議員の資質に異義を申し立てるための民主的制度が、多数派議員によって耳障りな声を強制排除するために使われたのである。「あいちトリエンナーレ」をめぐっては、県知事に対する右派知識人たちが仕掛けたリコール運動で、署名が組織ぐるみで大量に偽造されるにいたった。とうとう選挙不正に等しいことまでおおっぴらに行われるようになったのである。

この一〇年ほどの間に政治倫理のハードルが撤廃されてしまったと見れば分かりやすい。上級機関である政府が下級機関の県を相手に行政不服審査を申し立てるという無理筋が通るなら、たかが一町議のリコール運動、たとえ立法の趣旨に反しても、町議会ぐるみで展開することに何の問題があるだろう。署名をでっち上げてでも、気に入らない知事をあわよくば解職に追い込むのに、何を臆することがあるだろう。森友・加計が不問に付されるなら、監督官庁幹部が総ぐるみで首相の息子というコネを擁した放送関連業者の接待を受け、便宜を図ってやってどこが悪いのか、というわけである。

グローバル化、価値観の多様化とは裏腹に（むしろ多様化ゆえに）、反動も顔をのぞかせる。多くの有権者が支持しているという選択的夫婦別姓に執拗に反対する人びとのなかには、閣僚経験者の女性議員たちが交じっている。性暴力被害を訴える女性について「女性はいくらでもうそをつける」と、平然と言い放つ女性議員がいた。年配の男どもがもっている抜きがたい女性蔑視と家族観に迎合する彼女らの願望は、本書に登場する権力におもねる女性たちと重なって見えないだろうか。ヨーロッパの権威主義的政権は内政の諸問題の隠蔽と政権浮揚のために、イスラム系移民の脅威などさまざまな排外主義をあおった。ことさらに「国難」を演出した北朝鮮ミサイルの脅威はこれに似ていた。二〇一二年末〜一七年にかけ北のミサイル発射に伴うJアラートが度々発令された。この間に特定秘密保護法、集団的自衛権を認める安保関連法、共謀罪を盛り込んだ改正組織的犯罪処罰法が次々に成立した。だが、翌一八年に各自治体レベルで始まった物々しい「ミサイル警報訓練」は、米朝首脳会談を理由にあっさりと中止され、テレビの「リアリティー番組」まがいの作為を疑わせた。そして、情報操作によって危機をあおる政治が、現実の危機を前にしたとき何が起きるかは、東京五輪をめぐる混乱も含めて、新型コロナウイルス感染症への対応に見たとおりである。

本書の結論はいささか重く、暗い。トランプ政権は退場したけれども、虚偽情報は人びとを欺瞞し、現実の生活に浸透して民主政治を毀損している。新しい情報テクノロジーが虚偽を拡散し、社会をいっそう分断し続け、最終的に民主政治を破壊し去るかもしれない。そこで著者が最後にイタリアの作家・政治活動家シローネを引いているのは、異常を異常と感じる感性をもち続けようという呼びかけだと理解する。かつて戦争が日常になった時代があった。人びとが異常に慣らされてしまったとき、民主政治は息の根を止められる。未来は見通せないし楽観できないが、本書原題のトワイライト（黄昏）にはもう一つ、「黎明」の意味もある。民主政治の危機のあとに、暗い夜ではなく新しい夜明けを迎えることもできるのである。

本書はアプルボームの既刊の重厚な歴史ノンフィクションとは違って短編だが、米国をはじめ現下の各国の情勢を追いながら読むことができた。とりわけ翻訳作業は米国大統領選の時期と重なり、本書で触れられているフォックス・ニュースの偏向ぶりや、ネット世界を飛び交う米国内外の虚偽の洪水をあらためてリアルタイムで目の当たりにし、本書が投げかけている問題の根深さを理解することができた。

翻訳を任せていただいた藤波健氏ら白水社の皆様方に感謝します。

二〇二一年春

三浦元博

原注

第1章◆大晦日

18　「侵略」と名付けたドキュメンタリー : “Kulisy, cele, metody, pieniądze. Jak dziala inwazja LGBT,” TVPINFO, October 10, 2019, https://www.tvp.info/44779437/kulisy-cele-metody-pieniadze-jak-dziala-inwazja-lgbt.

19　虹色の「ペスト」だとする説教 : Marek Jędraszewski, archbishop of Krakow, quoted in Filip Mazurczak, “Krakow's Archbishop Jędraszewski under Fire for Remarks about 'Rainbow Plague,'” *Catholic World Report*, August 16, 2019,https://www.catholicworldreport.com/2019/08/16/krakows-archbishop-jedraszewski-under-fire-for-remarks-about-rainbow-plague/.

20　毎回異なる説明を自明の前提として : investigative films include “Pierwszy film śledczy 0 tragedii smoleńskie,” April 10, 2010, https://www.youtube.com/watch?v=_RjaBrqoLmw; “Magazyn śledczy Anity Gargas,” TVP, March 29, 2018, https://vod.tvp.pl/video/magazyn-sledczy-anity-gargas,29032018,36323634; “Jak 8 lat po katastrofie wyglada Smoleńsk?,” TVPINFO, April 5, 2018, https://www.tvp.info/36677837/jak-8-lat-po-katastrofie-wyglada-smolensk-magazyn-sledczy-anity-gargas; “Magazyn śledczy Anity Gargas,” TVP, February 27, 2020, https://vod.tvp.pl/video/magazyn-sledczy-anity-gargas,27022020,46542067.9 as “scabby” and “greedy”: Rafal Ziemkiewicz,

Twitter post, https://twitter.com/R_A_Ziemkiewicz/status/637584669115072512?2=20.

20　「恐喝屋」: Rafal Ziemkiewicz, *Fakty Interia*, April 13, 2018, https://fakty.interia.pl/opinie/ziemkiewicz/news-czy-izrael-jest-glupi,nId,25688-78.

20　かつてイスラエルを支持したことを後悔している : Rafal Ziemkiewicz, *Wirtualne Media*, February 2, 2018, https://www.wirtualnemedia.pl/artykul/rafal-ziemkiewicz-nie-mam-powodu-przepraszac-za-parchow-i-zydowskie-obozy-zaglady-marcin-wolski-dal-sie-podejsc.

21　『フ・シ エ チ』の 表 紙 : June 2016, https://wiadomosci.gazeta.pl/wiadomosci/1,114883,20191010,na-okladce-wprost-jasniejaca-twarz-lewandowskiego-czyli-jak.html.

21　『ド・ジェーチ』の 表 紙 : September 5, 2016, http://www.publio.pl/tygodnik-do-rzeczy,p147348.html.

22　わたしを就いてもいない職から解雇させた：TVP, September 21, 2016, https://

www.tvp.info/27026877/think-tank-w-waszyngtonie-po-tym-artykule-zwolnil-pania-applebaum-ze-wspolpracy.

23　「友情は可能だろうか？」: Mihail Sebastian, *Journal 1935–1944: The Fascist Years*（Lanham, MD: Rowman & Littlefield, 2012）.

23　「いや、君は間違っている」: Mihail Sebastian, *For Two Thousand Years*, trans. Philip Ó Ceallaigh（New York: Other Press, 2017）.

24　「偽りとまやかしの言論」: Plato, *Republic*, ed. and trans. C. J. Emlyn-Jones and William Preddy（Cambridge, MA: Harvard University Press, 2013）.

25　「下劣な陰謀の才」: Alexander Hamilton, John Jay, and James Madison, *The Federalist Papers*, no. 68.

26　「いかなる繋がりも……保証してくれず」: Hannah Arendt, *The Origins of Totalitarianism*（London: Penguin Classics, 2017）.

26　権威主義的素質 : Author interview with Karen Stenner, July 19, 2019.

27　一九二七年の著書『知識人の裏切り』: Julien Benda, *The Betrayal of the Intellectuals*［*La trahison des clercs*］（Boston: Beacon Press, 1955）.

第2章◆デマゴーグの勝利法

33　「才能と天分に恵まれた人々をすべて容赦なく追い払って」": Hannah Arendt, *The Origins of Totalitarianism*（London: Penguin Classics, 2017）.

33　報道の自由は「欺瞞である」: Vladimir Lenin, "Draft Resolution on Freedom of the Press," *Pravda*, November 7, 1932, https://www.marxists.org/ar.chive/lenin/works/1917/nov/04.htm.

33　「空疎な文句」: Vladimir Lenin, speech at the opening session of the First Congress of the Communist International, March 2, 1919, https://www.marxists.org/archive/lenin/works/1919/mar/comintern.htm.

33　「抑圧するための装置」: Lenin, speech given to the first Congress of the Communist International, March 14, 1919.

36　「より良いたぐいのポーランド人」: "Kaczyński krytykuje donosicieli. Gorszy sort Polaków," YouTube, December 16, 2015, https://www.youtube.com/watch?v=SKFgVD2KGXw.

39　「わたしは政治をするとは本当はどういうことなのかを知ってしまった」: Author interview with Jaroslaw Kurski, April 2, 2016.

40　「上に立っていたがる人間」: Author interview with anonymous source, April 4, 2016.

41　「無知な田舎者はそれを信じる」: Jacek Kurski, quoted in Agnieszka Kublik, "Klamczuszek Jacek Kurski," *Wyborcza. pl*, May 19, 2015, https://wyborcza.pl/politykaekstra/1,132907,17946914,Klamczuszek_Jacek_Kurski.html.

42 「良心のとがめがない」: Author interview with Senator Bogdan Borusewicz, April 6, 2016.
43 そのクリップはスヘティナが間をおいて難しい顔をするところを映す: reprinted in "“Ordynarna manipulacja' TVP Info," *Wiadomosci*, April 21, 2018, https://wiadomosci.wp.pl/czy-oni-ludzi-naprawde-maja-za-durni-ordynarna-manipulacja-tvp-info-6243821849708161a.
49 「君たちが彼を殺したのだ」: Jan Cienski, "Polish President Bucks Ruling Party over Judicial Reforms: During a Bad-Tempered Debate, Jaroslaw Kaczyński Accuses the Opposition of 'Murdering' His Brother," *Politico*, July 18, 2017, https://www.politico.eu/article/polish-president-bucks-ruling-party-over-judicial-reforms/.
55 いわゆる「ソロスの傭兵たち」: Pablo Gorondi, Associated Press, April 12, 2018, https://apnews.com/6fc8ca916bdf4598857f58ec4af198b2/Hungary:-Pro-govt-weekly-prints-list-of-%27Soros-mercenaries%27.
55 シュミットは……わたしと話すことに同意した: Author interview with Mária Schmidt, November 14, 2017.
56 「ポストコロニアル」の心的傾向: Ivan Krastev and Stephen Holmes, "How Liberalism Became 'the God That Failed' in Eastern Europe," *Guardian*, October 24, 2019, https://www.theguardian.com/world/2019/oct/24/western-liberalism-failed-post-communist-eastern-europe.
58 「ブルジョア民主主義」の諸機関: Vladimir Lenin, "Working Class and Bourgeois Democracy," *Vperyod* 11, no. 3 (January 24, 1905), https://www.marxists.org/archive/lenin/works/1905/jan/24.htm.
59 バレスは「懐疑的な主知主義から出発した」にもかかわらず: Julien Benda, *The Betrayal of the Intellectuals* [*La trahison des clercs*] (Boston: Beacon Press, 1955).

第3章◆ノスタルジアの未来

62 「一九八九年以後のリベラルな運動」: Author conversation with Stathis Kalyvas, June 21, 2018.
66 「一段と高い悲鳴があがった」: Evelyn Waugh, *Decline and Fall* (London: Chapman & Hall, 1928).
67 「言うなればこうした岩石を……ポイと投げて」: Boris Johnson, interview with Sue Lawley, *Desert Island Discs*, BBC, November 4, 2005, https://www.bbc.co.uk/programmes/poo935b6.
72 「われわれはローマ人にとってのギリシャ人だ」: Geoffrey Wheatcroft,"Not-So-Special Relationship: Dean Acheson and the Myth of Anglo-American Unity," *Spectator*, January 5, 2013, https://www.spectator.co.uk/2013/01/not-so-special-relationship/.

72　グレアム・グリーンの小説 : Graham Greene, The *Quiet American*（Melbourne: Heinemann, 1955）.

73「わたしはとても孤立している、わたしはカーツ大佐みたいだ」: Boris Johnson as quoted in James Pickford and George Parker, “Does Boris Johnson Want to Be Prime Minister?,” *Financial Times*, September 27, 2013, https://www.ft.com/content/f5b6a84a-263c-11e3-8ef6-00144feab7de.

75「自由の文化、公開性、そして寛容」: From Boris Johnson, “Athenian Civilisation: The Glory That Endures,” speech at the Legatum Institute, September 4, 2014, https://www.youtube.com/watch?v=qeSjF2nNEHw.

75「ブレグジットはこてんぱんに粉砕されるでしょう」: Lizzy Buchan, “Boris Johnson ‘Thought Brexit Would Lose, but Wanted to Be Romantic, Patriotic Hero,’ says David Cameron,” *Independent*, September 16, 2019, https://www.independent.co.uk/news/uk/politics/boris-johnson-brexit-david-cameron-leave-remain-vote-support-a9107296.html.

78　亡命者（エミグレ）……の「内省的」ノスタルジア : Svetlana Boym, *The Future of Nostalgia*（New York: Basic Books, 2016）.

80「文化的絶望」: Fritz Stern, *The Politics of Cultural Despair: A Study in the Rise of the Germanic Ideology*（Berkeley: University of California Press, 1961）.

80「次第に公然の秘密になってきた」: Julius Langbehn, *Rembrandt as Educator*（London: Wermod and Wermod Publishing Group, 2018）.

83　サッチャーのもっとも重要な弟子 : Charles Moore, *Margaret Thatcher, The Authorized Biography, Vol. 3: Herself Alone*（London: Penguin Books, 2019）.

84「誕生のうれしい偶然のおかげで」: Simon Heffer, “The Sooner the 1960s Are Over, the Better,” *Telegraph*, January 7, 2006, https://www.telegraph.co.uk/comment/personal-view/362249/Simon-Heffer-on-Saturday.html.

85「原則をみじんも」: Simon Heffer, “David Cameron Is Likely to Win, but Don’t Expect a Conservative Government,” *Telegraph*, July 28, 2009, https://www.telegraph.co.uk/comment/columnists/simonheffer/5926966/David-Cameron-is-likely-to-win-but-dont-expect-a-Conservative-government.html.

85　キャメロンを「うそつき」呼ばわりした : Simon Heffer, “David Cameron’s Disgraceful Dishonesty over the EU Is Turning Britain into a Banana Republic,” *Telegraph*, May 21, 2016, https://www.telegraph.co.uk/opinion/2016/05/21/david-camerons-disgraceful-dishonesty-over-the-eu-is-turning-bri/.

86「文明に個人的敬意を表する」: Roger Scruton, *England: An Elegy*（London: Pimlico, 2001）.

88　英国のEU加盟を「宥和政策」になぞらえた : William Cash, interview with Simon Walters, “Tory MP and Son of a War Hero Compares Current Situation to Pre-War Europe and

Warns Britain Is Heading for Appeasement," *Daily Mail*, February 13, 2016, https://www.dailymail.co.uk/news/article-3446036/Tory-MP-son-war-hero-compares-current-situation-pre-war-Europe-warns-Britain-heading-APPEASEMENT.html.

88 「声を封じる外国勢力」: Simon Heffer, "The EU Empire Is Going to Fail. On Thursday, We Can Protect Britain from the Chaos of Its Death Throes," *Telegraph*, June 19, 2016, https://www.telegraph.co.uk/news/2016/06/19/the-eu-empire-is-going-to-fail-on-thursday-we-can-protect-britai/.

90 「わが国の諸機関のシステム機能不全」: Dominic Cummings, "On the Referendum #33: High Performance Government, 'Cognitive Technologies,' Michael Nielsen, Bret Victor, & 'Seeing Rooms,'" *Dominic Cummings's Blog*, June 26, 2019, https://dominiccummings.com/2019/06/26/on-the-referendum-33-high-performance-government-cognitive-technologies-michael-nielsen-bret-victor-seeing-rooms/.

91 「国連やEUのような古い諸機関」: Cummings, "On the Referendum #33."

92 「ソヴィエトのプロパガンダ」: Bagehot, "An Interview with Dominic Cummings," *Economist*, January 21, 2016, https://www.economist.com/bagehots-notebook/2016/01/21/an-interview-with-dominic-cummings.

93 「ヨーロッパはおおむね……進んできた」: Simon Heffer, "The Collapse of the Euro Would Open the Door to Democracy," *Telegraph*, May 25, 2010, https://www.telegraph.co.uk/comment/columnists/simonheffer/7765275/The-collapse-of-the-euro-would-open-the-door-to-democracy.html.

93 「わが国がEUに加盟していることは……妨げているのです: "Brexit Brief: Dreaming of Sovereignty," *Economist*, March 19, 2016, https://www.economist.com/britain/2016/03/19/dreaming-of-sovereignty.

94 「国民の敵」: Cover, *Daily Mail*, November 3, 2016.

94 「ゲイを隠さない元五輪フェンシング選手」: James Slack, "Enemies of the People: Fury over 'Out of Touch' Judges Who Have 'Declared War on Democracy' by Defying 17.4m Brexit Voters and Who Could Trigger Constitutional Crisis," *Daily Mail*, November 3, 2016, https://www.dailymail.co.uk/news/article-3903436-/Enemies-people-Fury-touch-judges-defied-17-4m-Brexit-voters-trigger-constitutional-crisis.html.

94 「妨害工作者どもを粉砕せよ」: Cover, *Daily Mail*, April 19, 2017, https://www.dailymail.co.uk/debate/article-4427192/DAILY-MAIL-COMMENT-saboteurs-simmer-down.html.

95 国民投票の雪崩現象: Simon Heffer, "The EU Empire Is Going to Fail. On Thursday, We Can Protect Britain from the Chaos of Its Death Throes," *Telegraph*, June 19, 2016, https://www.telegraph.co.uk/news/2o16/06/19/the-eu-empire-is-going-to-fail-on-thursday-we-can-protect-britai/.

96　最悪の怠け者の仲間 : "British Workers 'Among Worst Idlers,' Suggest Tory MPs," BBC, August 18, 2020, https://www.bbc.com/news/uk-politics-19300051.

96　「あごひげを生やしたあのヴィクトリア時代人たちのダイナミズム」: Boris Johnson, "The Rest of the World Believes in Britain. It's Time That We Did Too," *Telegraph*, July 15, 2018, https://www.telegraph.co.uk/politics/2018/07/15/rest-world-believes-britain-time-did/.

96　「ブレグジットが混乱をもたらすなら……と固く信じている」: Author interview with Nick Cohen, March 2020; Nick Cohen, "Why Are Labour's Leaders So Quiet on Europe? Maybe It's the Lure of Disaster?," *Guardian*, December 16, 2018, https://www.theguardian.com/commentisfree/2018/dec/16/why-are-labour-party-leaders-so-quiet-on-europe---maybe-it-is-the-lure-of-disaster.

96　「千載一遇の好機」: Thomas Fazi and William Mitchell, "Why the Left Should Embrace Brexit," *Jacobin*, April 29, 2018, https://www.jacobinmag.com/2018/04/brexit-labour-party-socialist-left-corbyn.

99　「知的援護を与えている」: Anne Applebaum, "How Viktor Orbán Duped the Brexiteers," *Spectator USA*, September 22, 2018, https://spectator.us/viktor-orban-duped-brexiteers/.

100　小冊子への前書き : John O'Sullivan, *The Second Term of Viktor Orbán: Beyond Prejudice and Enthusiasm*（Social Affairs Unit, June 2015）.

101　「中立的社会構造」: Christopher Caldwell, "Hungary and the Future of Europe: Viktor Orbán's Escalating Conflict with Liberalism," *Claremont Review of Books*, Spring 2019, https://claremontreviewofbooks.com/hungary-and-the-future-of-europe/.

102　民主党の方に「好意的」: Author interview with John O'Sullivan, October 4, 2019.

105　「問われるべき正当な問題がある」: Robert Merrick, "Fury as Boris Johnson Accuses Rebel Alliance MPs of 'Collaboration' with Foreign Governments over Brexit," *Independent*, October 1, 2019, https://www.independent.co.uk/news/uk/politics/boris-johnson-brexit-no-deal-latest-news-legal-advice-collusion-a9127781.html.

105　「ブレグジットのあと……必要だ」: The Conservative and Unity Party Manifesto, 2019, https://assets-global.website-files.com/5da42e2cae7ebd3f8bde353c/5dda924905da587992a064ba_Conservative%202019%2oManifesto.pdf.

106　「不適応者や変人」: Rajeev Syal, "Dominic Cummings Calls for 'Weirdos and Misfits' for No 10 Jobs: Boris Johnson's Chief Adviser Touts for 'Unusual' Applicants Outside of the Oxbridge Set," *Guardian*, January 2, 2020, https://www.theguardian.com/politics/2020/jan/02/dominic-cummings-calls-for-weirdos-and-misfits-for-no-lo-jobs.

106　「英国は帝国を喪失したが、まだ役割を見出していない」: Dean Acheson, speech at West Point, December 5, 1962.

第4章◆虚偽の奔流

108　彼女が突き止めた「権威主義的素質」: Author interview with Karen Stenner, July 19, 2019.

110　「資本主義は危機のただなかにある」: Jean-François Revel, *The Totalitarian Temptation*（New York: Penguin Books, 1978）.

111　「過去ないし未来の……どこかに」: Isaiah Berlin, *Four Essays on Liberty*（Oxford: Oxford University Press, 1992）.

117　「世界の和音ではなく」: Olga Tokarczuk, Nobel Prize Lecture, Swedish Academy, Stockholm, December 7, 2019, https://www.nobelprize.org/prizes/literature/2018/tokarczuk/lecture/.

119　Vox の宣伝: "Un nuevo comienzo," VOX, June 7, 2016, https://www.youtube.com/watch?v=RaSIX4-RPAI.

122　「犯罪組織」: Ortega Smith, quoted in Anne Applebaum's "Want to Build a Far-Right Movement? Spain's VOX Party Shows How," *Washington Post*, May 2, 2019, https://www.washingtonpost.com/graphics/2019/opinions/spains-far-right-vox-party-shot-from-social-media-into-parliament-overnight-how/.

122　*#EspañaViva:* Santiago Abascal, Twitter post, https://twitter.com/Santi_ABASCAL/status/1062842722791424002?s=20.

123　「国民統合救済の愛国運動」: Applebaum, "Want to Build a Far-Right Movement?"

124　「一種のジョークだった」: Author interview with Rafael Bardaji.

127　「これが……スペイン政治だった」: Author interview with Ivan Espinosa, April 9, 2019.

133　Vox 支持、反イスラムの四五〇万件近いメッセージ: Institute for Strategic Dialogue, 2019 *EU Elections Information Operations Analysis: Interim Briefing Paper*（2019）.

136　「数百人のイスラム教徒」が……お祭り騒ぎしている: Santiago Abascal, Twitter post, https://twitter.com/Santi_ABASCAL/status/1117890168340586497.

138　「われわれは過去を未来に……結びつけようとしています」: Marion Maréchal, quoted in Anne Applebaum's "This Is How Reaganism and Thatcherism End," *Atlantic*, February 10, 2020, https://www.theatlantic.com/ideas/archive/2020/o2/the-sad-path-from-reaganism-to-national-conservatism/606304/.

138　マクロン本人はポーランドのクラクフにいて: "Discours du Président Emmanuel Macron devant les étudiants de l'Université Jagellonne de Cracovie," https://www.elysee.fr/emmanuel-macron/2020/02/05/discours-du-president-emmanuel-macron-devant-les-etudiants-de-luniversite-jagellonne-de-cracovie.

第5章◆燎原の火

142 「地上で最後、最良の希望」: Abraham Lincoln, Annual Message to Congress, December 1, 1862.

142 「いつの日かこの国が立ち上がり」: Rev. Martin Luther King Jr., "I Have a Dream" speech, Washington, DC, August 28, 1963.

143 「揺りかごから刻印された」: Thomas Jefferson, letter to John Breckinridge, January 29, 1800, https://founders.archives.gov/documents/Jefferson/01-31-02-0292.

143 「丘の上の輝く町」: Ronald Reagan, "Farewell Address to the Nation," Washington, DC, January 12, 1989, https://www.nytimes.com/1989/01/12/news/transcript-of-reagan-s-farewell-address-to-american-people.html.

144 「自由な共和国だって！」Emma Goldman, *Anarchism and Other Essays* (New York: Mother Earth Pub. Association, 3rd rev. edition, 1917).

144 「愛国精神とは何か？」: Emma Goldman, "What Is Patriotism?," speech, April 26, 1908, San Francisco, California, https://awpc.cattcenter.iastate.edu/2017/03/09/what-is-patriotism-april-26-1908/.

145 「信念を自らの血で購い．……死を受け入れる現代の殉教者たち」"modern martyrs who pay for their faith": Goldman, *Anarchism and Other Essays*.

145 「体制順応主義……のくだらないイデオロギー」: *Prairie Fire: The Politics of Revolutionary Anti-Imperialism—Political Statement of the Weather Underground*, 1974, https://www.sds-1960s.org/PrairieFire-reprint.pdf.

146 「アメリカ例外論の神話」: Howard Zinn, "The Power and the Glory: The Myths of American Exceptionalism," *Boston Review*, June 1, 2005, http://bostonreview.net/zinn-power-glory.

147 「新たなより良き時代は」: Michael Gerson, "The Last Temptation," *Atlantic*, April 2018, https://www.theatlantic.com/magazine/archive/2018/04/the-last-temptation/554066/.

147 「生存をかけた戦いにわれわれが直面したのは……独立革命の時だけだった」: Eric Metaxas, interview with Mike Gallagher, June 22, 2016, https://www.rightwingwatch.org/post/eric-metaxas-we-are-on-the-verge-of-losing-america-under-clinton-presidency-as-we-could-have-lost-it-in-the-civil-war/.

147 「われわれは真夜中にいる……とわたしは考える」: Brian Tashman, "Franklin Graham: 'The End Is Coming,' Thanks to Gays, Obama," *Right Wing Watch*, June 8, 2015, https://www.rightwingwatch.org/post/franklin-graham-the-end-is-coming-thanks-to-gays-obama/.

147 「国の価値観を支える民衆文化」: Patrick J. Buchanan, official website, October 11, 1999, https://buchanan.org/blog/pjb-the-new-patriotism-329.

148　「一九四〇年代と五〇年代の民衆文化では」: Buchanan, official website, May 26, 2016, https://buchanan.org/blog/great-white-hope-125286.
148　「九・一一は……直接の結果なのです」」: Patrick J. Buchanan, *Hardball*, September 30, 2002.
149　「多文化、他民族、多人種……」: Patrick J. Buchanan, "How to Avoid a New Cold War," *American Conservative*, January 3, 2017, https://www.theamericanconservative.com/buchanan/how-to-avoid-a-new-cold-war/.
150　「何が［これを］解決するかお分かりか？」: Donald Trump, interview, *Fox and Friends*, Fox News, February 10, 2014, https://video.foxnews.com/v/3179604851001#sp=show-clips.
150　「われわれは……暗い日々を体験しなければなるまい」: Paul Blumenthal and J. M. Rieger, "Steve Bannon Thinks Dark Days Are Coming and War Is Inevitable," *Huffington Post*, February 8, 2017, https://www.huffpost.com/entry/steve-bannon-apocalypse_n_5898f02ee4b040613138a951.
150　ボブ・ディランの歌を引用した: Steve Bannon, speech, Tax Day Tea Party, New York, April 15, 2010, https://www.youtube.com/watch?v=Jf_YJ5XxUEo.
151　「自らを守った」……「既成支配層」": Donald J. Trump, inaugural address, Washington, DC, January 20, 2017, https://www.whitehouse.gov/briefings-statements/the-inaugural-address/.
151　「権力をもつ者ではなく人民が」: Donald J. Trump, "Remarks from President Trump to the People of Poland," Warsaw, July 6, 2017, https://www.whitehouse.gov/briefings-statements/remarks-president-trump-people-poland/.
152　「でも、彼は人殺しですよ」: Donald J. Trump, interview with Bill O'Reilly, Fox Sports, February 4, 2017, https://www.youtube.com/watch?v=tZXsYuJIGTg.
153　「彼は国を動かしている」: Donald J. Trump, interview with Joe Scarborough, *Morning Joe*, December 18, 2015, https://www.washingtonpost.com/news/the-fix/wp/2015/12/18/donald-trump-glad-to-be-endorsed-by-russias-top-journalist-murderer/.
154　「司法省とホワイトハウス—CIA のたぐい」: *Prairie Fire*.
154　「腐敗を見たまえ」: Donald Trump, interview, *Fox and Friends*, Fox News, April 26, 2018, https://www.youtube.com/watch?v=5OjyHhz3_BM.
154　「一つの社会を破壊するには」: Jeane Kirkpatrick, "The Myth of Moral Equivalence," *Imprimis*, January 1986, https://imprimis.hillsdale.edu/the-myth-of-moral-equivalence/.
155　アメリカは重大な利害を有してはいない」: Donald J. Trump and David Shiflett, *The America We Deserve*（New York: St. Martin's Press, 2000）.
156　「それは……カクテルアワーで」: James Atlas, "The Counter Counterculture," *New*

York Times Magazine, February 12, 1995, https://www.nytimes.com/1995/02/12/magazine/the-counter-counterculture.html.

159 「知的不寛容と独りよがりの集団思考」: David Brock, "Confessions of a Right-Wing Hit Man," *Esquire*, July 1, 1997, https://classic.esquire.com/confessions-of-a-right-wing-hit-man/.

159 「わたしはなぜジョン・マケインに投票できないか」と題する論説記事: Anne Applebaum, *Slate*, October 27, 2008.

160 「居場所を奪われ追放された人びと……の中核」: Sam Tanenhaus, "On the Front Lines of the GOP's Civil War," *Esquire*, December 20, 2017, https://www.esquire.com/news-politics/a14428464/gop-never-trump/.

160 「民族主義とナショナリズムの憎悪」: Julien Benda, *The Treason of the Intellectuals*, trans. Richard Aldington (London: Taylor & Francis, 2017).

161 「理性と共通の人間性に対する信頼の崩壊」: Roger Kimball, "The Treason of the Intellectuals & 'The Undoing of Thought,'" *New Criterion*, December 1992, https://newcriterion.com/issues/1992/12/the-treason-of-the-intellectuals-ldquothe-undoing-of-thoughtrdquo.

161 「バラバに味方する怒った群衆」: Roger Kimball, *American Greatness*, November 2, 2019.

162 わたしは二度、番組のゲストとして招かれた。: Anne Applebaum, *The Laura Ingraham Show*, August 19, 2008, http://www.lauraingraham.com/b/Anne-Applebaum-on-the-return-of-the-Soviet-Union./5995.html

163 「欧米文明は、実際に危機に立っているのでしょうか?」: Laura Ingraham, interview with Patrick J. Buchanan, *The Laura Ingraham Show*, March 28, 2019, https://www.mediamatters.org/laura-ingraham/laura-ingraham-says-immigration-pushing-western-civilization-toward-tipping-over.

163 「われわれが知り、愛するアメリカ」: Laura Ingraham, "The Left's Effort to Remake America," Fox News, August 8, 2018, https://www.youtube.com/watch?v=llhFZOw6Sss.

164 「それは全面戦争になるでしょう」: Joseph diGenova, *The Laura Ingraham Podcast*, February 22, 2019.

164 「われわれは殺されたくない」: Rafael Bardaji, quoted in Anne Applebaum, "Want to Build a Far-Right Movement? Spain's VOX Party Shows How," *Washington Post*, May 2, 2019, https://www.washingtonpost.com/graphics/2019/opinions/spains-far-right-vox-party-shot-from-social-media-into-parliament-overnight-how/.

165 「トランプ大統領を攻撃するための新たなやり口」: Laura Ingraham, Fox News, February 25, 2020 https://twitter.com/MattGertz/status/1233026012201603079?s=20.

165 抗マラリヤ薬ヒドロキシクロロキンを大宣伝した。: Michael M. Grynbaum,

“Fox News Stars Trumpeted a Malaria Drug, Until They Didn’t,” *New York Times*, April 22, 2020.
165 「わが国の政府をせきたてた人びとのうち、いま何人が」: Laura Ingraham, Twitter post, https://twitter.com/IngrahamAngle/status/1251219755249405959?s=20.
166 「美徳がなければアメリカはありません」: Laura Ingraham, “Laura Ingraham on Faith,” speech, Dallas, Texas, September 29, 2007, https://www.youtube.com/watch?v=72KwL_abkOA.
167 「世論調査の数字、おめでとうございます」: Laura Ingraham, interview with Donald Trump, Fox News, June 6, 2019, https://www.youtube.com/watch?v=QyQCcgXkANo.
167 「わたしは……演壇から叫んでおり」: Jacek Trzynadel, *Hańba Domowa*（Paris: Instytut Literacki, 1986）.

第6章◆終わらない歴史

170 「諸君は無実の人間を解任しようとしているのだ！」: Emile Zola, *The Dreyfus Affair: “J'Accuse” and Other Writings*, ed. Alain Pagès, trans. Eleanor Levieux（New Haven: Yale University Press, 1998）.
170 「二つの世界の間の闘い」: Romain Rolland, quoted in Tom Conner, *The Dreyfus Affair and the Rise of the French Public Intellectual*（Jefferson, NC: McFarland & Co., 2014）.
171 「あらゆる科学研究に」: Ferdinand Brunetière, *After the Trial*, quoted in Ruth Harris, *Dreyfus: Politics, Emotion, and the Scandal of the Century*（New York: Picador USA, 2010）.
171 一八九八年に発表された……『わたしは弾劾する』: Zola, *Dreyfus Affair*.
172 彼女のことを「二重の価値をもっている」と考える。: Marcel Proust, *Remembrance of Things Past*, trans. C. K. Scott Moncrieff（London: Penguin Classics, 2016）.
172 「フランス革命や第一次世界大戦と激しさでは同一」: Quoted in Geert Mak, *In Europe: Travels Through the Twentieth Century*（London: Penguin Books, 2004）, p. 10.
173 あからさまに「保守的な見解」: Conner, *Dreyfus Affair*.
183 「政治体制は登場しては消える」: Ignazio Silone, “The Choice of Comrades,” *Dissent*, Winter 1955, https://www.dissentmagazine.org/wp-content/files_mf/1438718o63spring74silone.pdf.

訳者略歴

三浦元博（みうら・もとひろ）
一九五〇年、滋賀県生まれ。東京外国語大学卒。
共同通信社を経て、現在、大妻女子大学社会情報学部教授。主要著書『東欧革命』（岩波新書、共著）、『バルカン危機の構図』（恒文社、共著）。主要訳書『東欧革命1989』『レーニンの墓　上・下』『情報戦のロシア革命』『ヤルタからヒロシマへ』『廃墟の零年1945』『レーニン　権力と愛　上・下』『地獄の淵から　ヨーロッパ史1914－1949』『分断と統合への試練　ヨーロッパ史1950－2017』『戦時リーダーシップ論』（以上、白水社）。

権威主義の誘惑
民主政治の黄昏

二〇二一年四月一五日　印刷
二〇二一年五月一〇日　発行

著者　アン・アプルボーム
訳者©　三浦元博
装丁者　日下充典
発行者　及川直志
印刷所　株式会社理想社
発行所　株式会社白水社

東京都千代田区神田小川町三の二四
電話　営業部〇三（三二九一）七八一一
　　　編集部〇三（三二九一）七八二一
振替　〇〇一九〇－五－三三二二八
郵便番号　一〇一－〇〇五二
www.hakusuisha.co.jp
乱丁・落丁本は、送料小社負担にてお取り替えいたします。

誠製本株式会社

ISBN978-4-560-09836-3

Printed in Japan

エリカ・フランツ　上谷直克、今井宏平、中井遼　訳

権威主義

独裁政治の歴史と変貌

デモクラシーの後退とともに隆盛する権威主義――その〈誘惑〉にいかにして備えればいいのか？　不可解な隣人の素顔がここに！

デイヴィッド・ランシマン　若林茂樹　訳

民主主義の壊れ方

クーデタ・大惨事・テクノロジー

デモクラシーの終焉はいかに起こる？　ケンブリッジ大教授がクーデタ・大惨事・テクノロジーという観点からリアルな姿を見詰め直す。